인돈 선교사

지지 않은 태양
인돈

초판1쇄 2012년 8월 25일
기 획 한남대학교 인돈학술원
지은이 오승재

펴낸이 김명철
펴낸곳 도서출판 바울

주 소 인천광역시 남동구 간석4동 606-4
영업부 (032) 431-7792 (032) 428-1928(팩스)
총무부 (032) 427-1719
편집부 (032) 423-9796

메 일 cpcubook@hanmail.net
홈페이지 www.ubook.co.kr

ISBN 978-89-7286-405-9 03230

한국기독교출판공동체는 진리의 복음을 토대로 한 도서출판 바울과
그리스도의 향기를 담은 도서출판 예향과 하늘의 정원에 심겨진 사랑을 전하는
도서출판 하늘정원의 책들로 문서선교의 통로로 복음을 전합니다.

지지 않은 태양 인돈

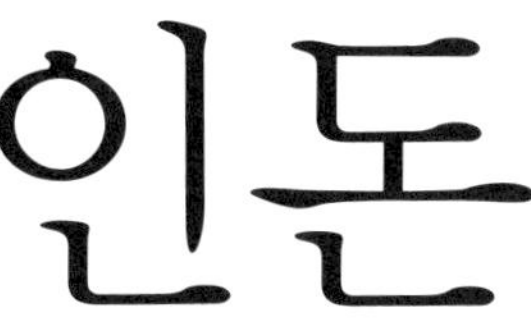

한남대학교 인돈학술원 기획 | 오승재 지음

William Alderman Linton

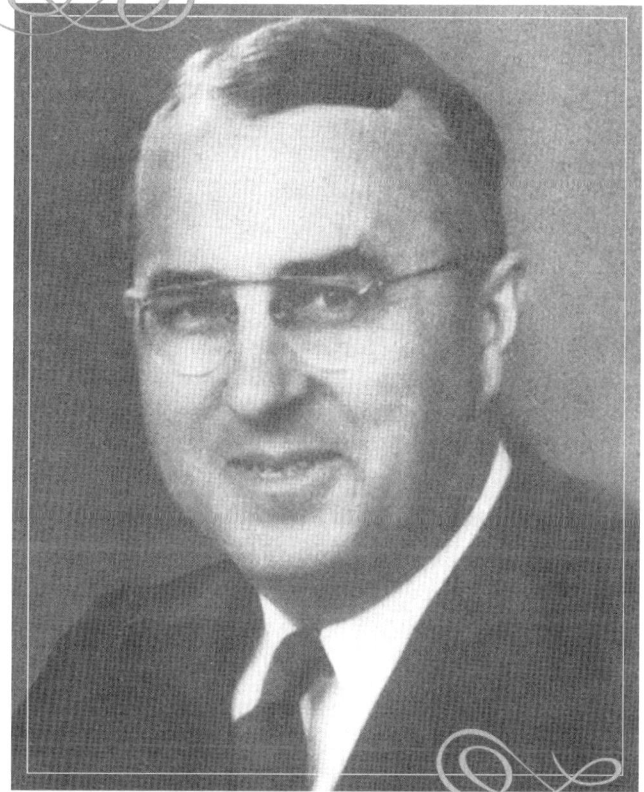

바울 도서출판

2010년 3월 1일, 독립기념관에서 열린 기념행사에서 인돈의 둘째 아들 유진 박사가 아버지 인돈을 대신하여 대통령으로부터 독립유공자, 건국훈장 애족상을 추서 받고 있다.

추천의 말씀

흔히 연세대에 언더우드가 있다면 한남대에는 린턴(인돈)이 있다고 말합니다. 초창기 미국의 선교사들은 한국에 들어와 교회와 대학과 병원을 설립해 한국을 돕기 위한 성경적 교훈을 실천해 왔습니다. 1956년 윌리엄 린턴은 한남대학교(당시 교명은 대전대학 /Daejon Presbyterian College)의 설립위원장으로 수고 하였고 초대 학장으로 봉직했습니다.

이번에 오승재 박사님의 헌신과 수고 덕분에 윌리엄 린턴(1891.2.8-1960.8.13) 선교사의 일생을 현재형으로 만나게 되어 매우 감사하고 반갑습니다. 4복음서(마태복음, 마가복음, 누가복음, 요한복음)는 예수 그리스도의 행적과 말씀을 기록한 〈예수전〉입니다.

여러 상황과 인간 관계 속에서도 일관되게 하나님의 뜻을 실현하기 위해 노력하고 희생하신 예수님의 생애 기록입니다. 그리하여 구약에서 약속 해주신 것들이 신약에서 어떻게 실현되었는가를 대조하면서 하나님의 신실하심을 깨닫게 됩니다. 그 뒤를 이어 오늘날까지 하나님의 부름을 받은 성도들에 의해 사도행전의 제29장이 계속 이어지고 있는 것이며 그중에 윌리엄 린턴 박사도 들어있는 것입니다.

그는 69년의 전 생애 중 무려 48년을 한국과 한국인을 위해 가르치고 섬기는데 헌신해온 분입니다. 제2차 세계대전과 6.25 한국전쟁 중에도 끝까지 한국을 사랑하고 지켜주었으며 해외의 많은 사람들에게 한국 상황을 소개해 왔고 전주신흥고교, 기전여고에 이어 한남대학교설립에 앞장서 일했으며 초대학장으로 봉직했습니다. “국가와 사회와 교회를 위해 봉사할 기독교적 가치관으로 다듬어진 지도자를 양성”하기 위해 한 평생을 바친 교육선교사이십니다. 그는 또한 대학교육의 기본으로 다섯 가지 유훈을 남기셨는데 그것은

첫째, 수업은 정시에 시작한다
둘째, 수업은 정시에 끝낸다
셋째, 모든 학생에게 숙제를 내준다
넷째, 교수와 학생은 결강하지 않는다
다섯째, 기독교 분위기를 유지한다

으로서 지금까지 잘 전해오고 있습니다. 그의 뒤를 이어 증손자까지 4대에 걸쳐 무려 117년간 한국을 위해 봉사하고 있는 가문이 되었습니다. 그 공로를 기리어 우리나라 정부에서도 2010. 3. 1 대한민국건국훈장 애족장(제4415호)을 추서했습니다.

이렇게 훌륭하신 윌리엄 린턴을 오승재 박사님께서 당시의 사실과 관계 자료를 수집 · 정리하여 한국장로신문에 43회에 걸쳐 "인돈 이야기"로 연재했고 그 내용을 다시 보완하여《지지 않은 태양, 인돈》이란 단행본으로 발간하게 되었습니다.

한국기독교 역사의 중요인물이며, 한남대학교의 초대학장이었던 린턴 박사의 생애와 사상을 담은 이 책은 교계지도자와 초기선교역사 연구가, 목회자, 교육자, 그리고 예수님을 사랑하는 모든 평신도와 한국을 사랑하는 일반국민들이 우리나라의 근대역사와 기독교선교 및 미션스쿨의 역할과 사명 그리고 한 · 미 우호관계의 기본이해를 위해 한 번은 꼭 읽어야 할 귀중한 책이라 생각합니다. 다시 한 번 윌리엄 린턴 박사의 헌신 · 봉사에 경의를 표하고, 집필해주신 오승재 박사님의 노고에 대해 감사인사를 드립니다.

김형태
한남대학교 총장. 아 · 태 기독교학교연맹 회장

추천의 말씀

삶 속에서 얻게 되는 기쁨 중 하나가 아름다운 꿈을 꾸는 사람과의 만남이 아닐까 싶습니다. 젊은 날에 꿈꾸는 사람이 되라는 소리를 들어온 사람들이 이제는 젊은이들을 향해 아름다운 꿈을 꾸라고 말합니다. 역사는 결국 꿈꾸는 소수의 창조자에 의해 기본적인 틀이 잡혀진다는 것을 알기 때문일 것입니다. 본인이 그 범주에 들어 있는가를 떠나서 우리 모두는 이 말에 동의할 수밖에 없습니다.

이 책을 읽는 분들은 인돈이라는 사람을 만나게 될 것입니다. 그리고 그를 통해 아름다운 꿈과 아름다운 삶이 어떤 것인가를 새삼 확인하게 될 것입니다. 21세에 미국에서 대학을 졸업하고 선교사로 한국에 온 청년. 48년을 선교사로서 교육자로서 한국을 위해 헌신한 사람, 아들 손자 대에까지 그리스도의 사랑으로 이 땅을 섬기게 한 사람, 한국 정부는 2010년 3 · 1

절을 기념해 건국훈장 애족장을 수여했지만, 그를 아는 사람은 그렇게 많지 않습니다.

나는 인돈 선교사가 이렇게라도 소개되는 것을 기쁘게 생각합니다. 새삼스레 그의 업적이 재평가 받을 수 있기 때문이 아닙니다. 도대체 무엇이 그 고독한 청년으로 하여금 이렇게까지 창조적이며 도전적인 삶을 살게 해 주었는가를 생각하는 계기가 되리라고 보기 때문입니다. 그리고 이 책을 읽는 사람들이 그와의 만남으로, 묻어두었던 꿈을 캐내었으면 하는 바람에서입니다.

사실 한남대학교 인돈학술원에서는 2003년 《인돈평전》을 발간했었습니다. 이번에 출판한 이 책은 《인돈평전》을 보급용으로 재구성한 것입니다. 당시 집필자 중 한 분이었던 오승재 박사님이 숨겨졌던 보배로 인돈을 소개하면서 이 책을 읽는 분들과 한국교회에 꼭 전하고 싶은 메시지가 담겨있음을 강하게 느낍니다. 그것은 우리도 꿈꾸는 사람이 되고 또 꿈꾸는 사람을 길러내자는 소망이라고 생각하면서, 오승재 박사님에게 감사하며 모든 이에게 이 책을 추천합니다.

안증환

한남대학교 인돈학술원장

머리말

1912년 21세의 총각으로 내한해서 이 나라 백성들과 동화하여 48년을 함께 살아온 인돈은 훌륭한 선교사이자 교육자요, 언어학자이고 외교관이었으며 삶으로 기독교인의 본을 보이셨던 분이었습니다. 제2차 세계대전 때도 제일 늦게 이 나라를 떠났으며, 해방 후에는 5인선발대로 제일 먼저 이 나라에 들어와, 추방당했던 선교사들이 재입국하여 활동할 수 있도록 터전을 다지셨고, 6 · 25 사변 때는 끝까지 한국을 떠나지 않고 고통 받는 이 땅의 사람들을 돌본 분이기도 합니다.

선교부에서 고등교육기관인 현 한남대학을 세울 때는 몸에 깊은 병이 생겨 세 번이나 외국으로 나가 수술을 하고 돌아와서 전주의 신흥학교와 기전학교를 세우고, 대전 한남대학교 본관 건물 건축 공사현장을 지팡이를 짚고 다니며 감독했던 분이기도 합니다.

말년에 몸이 너무 쇠약해져 선교부에서 귀국을 종용했을 때도 다시 돌아오겠다는 소망으로, 떠나기 싫은 발을 옮겨 비행기의 트랩을 밟았습니다. 그는 한 동족처럼 되어버린 한국 신자들을 뒤에 두고 지는 태양이 되고 싶지 않았던 분입니다. 지금도 그는 지지 않은 태양으로 한국 민족을 지키고 계십니다.

저는 지난 해 3월 19일부터 43회에 걸쳐 인돈의 이야기를 한국 장로신문에 연재하였습니다. 선교사로서의 이분의 사상과 철학을 전국에 있는 장로들, 선교사 지망자들, 또 한남대학교 졸업생 및 재학생들과 나누고 싶었기 때문입니다. 신문에 연재를 마치고 독자들로부터 요청도 있어 그 내용을 간추려 책을 내게 되었습니다.

제가 김조년, 채진홍 교수와 공저로 '인돈 평전'을 펴낸 일이 있는데 여기에서는 그 책을 좀 더 간략하고 평이하게 읽을 수 있도록 엮으면서 내용의 오류와 오자를 함께 수정했습니다. 그리고 선교사들의 영문 이름은 모두 내한선교사 영문명 색인으로 부록에 첨부하였습니다. 인돈의 생애를 일목요연하게 볼 수 있도록 인돈 연표도 첨부하였습니다.

아무쪼록 이 책이 그분의 생애와 사상을 바르게 전하는 것이 되었으면 하는 바람입니다. 끝으로 이 책의 출판을 흔쾌히 맡아주신 한국기독교출판공동체의 사장님께 감사를 드립니다.

저자 오승재

CONTENTS : 차례

CAT

| Part 1 |

미국, 토머스 빌에서의 소년기

1. 출생의 배경
2. 신앙의 배경

어떤 사람의 삶은 태양에 비유할 수 있다. 그들은 우아하고 찬란하게 떠올라서 한낮을 향해 작렬히 빛을 내다가 선명한 영광 가운데 서서히 가라앉는다. 그들이 여기, 이 땅 위에 있는 동안 뿌린 빛과 따스함은 사라진 뒤에도 볼 수 있으며 느낄 수 있다. 윌리암 올더만 린턴(인돈)의 삶이 이와 같다.

William Alderman Linton

chapter 1

출생의 배경

불우한 가정 속에서 반듯하게 자란 인돈

인돈(William Alderman, Linton)은 1891년 2월 8일 미국 조지아 주 토머스빌에서 부농 가정의 셋째 아이로 태어났다. 미국 사우스캐롤라이나 주의 아베빌에서 큰 꿈을 품고 살아가던 그의 고조할아버지는 남부 미개척지를 사들였고, 그곳에 가족들을 정착시키기 위해 아들 모세를 그곳으로 먼저 보냈다. 물론 그 때의 관습대로 그는 많은 노예와 말들을 아들에게 딸려 보냈다. 인돈의 조상은 먼 앞날을 투시하는 선지자적인 안목이 있었던 것 같다. 당시 미국 정부는 대서양부터 태평양까지 전 북미 영토를 미국화해야 한다는 야심으로 미국 내에 거주하던 인디언들을 추방하기 시작하여 미시시피 강 동쪽에 살던 7만여 명의 인디언들을 강제 이주시키기에 이르렀다.

이때 공동화 된 남부 땅에 부농들이 목화밭을 경작하려고 많은 노예와 함께 이민해 온 것이다. 인돈의 조상들도 그런 개척

자 중 하나였다.

가끔 부모를 따라 할아버지 집에 간 인돈은 할아버지 무릎에 앉아 재롱을 부리며 물었었다.

"할아버지는 어디서 태어나셨어요?"

"반은 조지아에 있고 반은 플로리다에 걸쳐 있는 그런 집에서 태어났다." 고 할아버지 모세가 대답했다. 당시는 조지아 주와 플로리다 주의 경계도 확실치 않은 광활한 땅이었다. 또 농담으로 "추울 때는 플로리다에서 살고 더울 때는 조지아에서 산단다." 라고 하기도 했다.

평화롭게 살던 그들이 점차 쇠락하게 된 것은 1812년에 있었던 영국과의 전쟁, 그리고 1860년부터 시작된 남북전쟁 때문

인돈이 살던 고향집

이었다. 지루한 전쟁 끝에, 〈바람과 함께 사라지다〉에 나타난 대로 참담한 상황을 겪은 남군南軍은 전쟁에서는 패하고, 1863년 노예해방 선언을 맞게 되었다. 남부는 돈은 많았지만 실제로 싸울 수 있는 군인이 많지 않았다. 돈 있는 가정의 자녀들은 다 장군이어서 훌륭한 종마를 타고 노예와 함께 전선에 나가긴 했지만 막상 적과 싸워야 할 졸병이 없었다.

남북전쟁이 끝난 뒤 노예들은 노예해방이 되었다고는 하나 돈 많은 백인을 의지하지 않고는 살 수가 없었다. 또 전쟁에서 이긴 북부도 소시민들에게는 이로울 것이 하나도 없었다. 다만 대 자본주들의 활동무대가 남쪽으로 넓어진 것뿐이었다. 광활한 농토에 도시가 들어서고 동서 횡단철도로 자본이 축적되자 목화밭을 가꾸며 영국의 방직공장과 거래하던 옛날의 조지아주는 사라지고 없었다.

인돈의 아버지 하이츠는 토머스빌보다 훨씬 낙후된 남쪽 농장에서 살고 있었는데 노예해방으로 큰 타격을 받고 농장의 저택을 떠나서 토머스빌로 옮기게 되었다. 토머스빌은 1812년 전쟁 때 공을 세운 국민군 소장 토머스 장군의 이름을 딴 것이다. 인돈이 태어날 무렵, 토머스 카운티에는 철도가 부설되고 '남부의 겨울 휴양지'로 각광을 받게 되었다.

큰 호텔과 남부 특유의 큰 저택 그리고 농장의 저택들이 들

어서자 이곳은 교육, 정치, 사회, 경제, 종교의 중심지가 되었다. 인돈의 아버지 와이츠는 농장보다는 화려하고 번화한 도시를 좋아했고 도시학교의 교사가 되고 싶어 했다.

인돈의 어머니 아만다 역시 남편과 비슷한 부유한 집안 출신이었다. 아만다의 집안은 토마스 지역 최초의 정착자들로, 아만다의 중간 이름에 들어있는 올더만이나 폰더 같은 이름은 이 지방 유지들의 흔한 이름이었다. 비록 시골이었지만 인돈네 가족들이 토마스 카운티의 남쪽 땅을 거의 가지고 있었다고 해도 과언이 아니었다.

인돈은 그런 가정의 세 번째 자녀로 태어났는데 그의 어린 시절은 그리 행복하지 않았다. 그가 두 살 때 첫째 누나 엘라가 죽었고, 네 살 때에는 큰형 와이체 2세가 죽었다. 비록 어린 나이였지만 죽음은 슬픈 일이었다.

이제 그의 옆에는 누나가 죽을 당시에 태어난 두 살 난 여동생이 있을 뿐이었다. 인돈은 그 여동생 칼리가 더없이 귀여웠다. 사랑하는 두 아이를 어이없이 떠나보낸 인돈의 어머니 아만다는 그 집에서 더 이상 살기 싫었다. 그래서 남편 하이츠를 설득하여 1899년 토머스빌의 좀 더 번화한 동네로 이사했다.

새로 이사한 그 이웃집에는 예쁘장 하게 생긴 아그네스네 가족이 살고 있었는데 외로웠던 인돈은 금방 그녀와 친구가 되었다. 인돈은 여동생 칼리와 함께 아그네스의 집을 자주 방문하기도 하고 또 그녀가 인돈의 집으로 찾아오기도 했다. 어머니 아만다는 그녀를 귀여워 하였으므로 칼리의 인형을 만들어 줄 때는 아그네스 것도 꼭 같이 만들어주곤 하였다.

칼리도 아그네스를 무척 따랐는데 일곱 살 되던 해에 칼리는 장티푸스로 앓기 시작하더니 얼마 가지 않아 세상을 떠났다. 아만다의 슬픔은 이루 말할 수 없었다. 의료시설이 잘 되어 있는 그곳에서도 칼리를 지켜 주지 못한 것이다. 인돈의 슬픔도 어머니의 슬픔에 못지않았다. 형과 누나를 잃고 난 후 어린 누이동생만이 그의 기쁨이었는데 여덟 살 되던 해에 또 죽음을 맞은 것이다. 이상하게도 아그네스가 이사 간 그날에 동생을 잃었다. 그래서 두 슬픔이 겹친 것이었다. 칼리는 아파 누워 있는 동안에도 아그네스가 떠났다는 말을 듣고 슬퍼했다.

타운으로 이사한 이래 인돈의 아버지는 자주 집을 비우게 되었다. 아버지는 칠 남매 중 장남이었는데 할아버지가 물려 준 농사일을 싫어했다. 늘 집안에 남아 부동산 관리를 하는 것도 싫었고 농장 일을 하도록 권하는 아내 아만다의 성화도 싫었다. 인돈이 열 살이 되던 1901년 두 부부는 이견차이로 많이 싸우더니 마침내 별거하기로 합의를 했다. 법적으로 이혼하지는 않았지만, 서로 헤어져 살기로 합의한 것이다. 인돈은 이렇게 사랑 없는 부모 사이에서 형제도 없이 홀로 외롭게 성장했다.

어린 시절의 인돈

그때부터 인돈은 어쩌다 한 번씩 집을 방문하는 아버지를 만날 수 있을 뿐이었다. 이 때 홀로 살던 고모 칼이 올케인 아만다가 안쓰러웠는지 그녀 집으로 들어와서 인돈의 어머니를 위로하며 살다가 수년 뒤 아만다가 세상을 떠난 후에 애틀랜타주의 자기 집으로 돌아갔다. 그런 연유로 인돈은 고모인 칼과의 정이 각별했다. 이 비정상적인 가정생활 속에서도 어린 시절 인돈의 성정은 조용하고 착한 겉모습 그대로였다. 물론 거기엔 토머스빌 사람들의 예의 바르고 친절한 삶의 행태가 영향을 미치기도 했겠지만, 중요한 것은 남부 부호들의 겉치레가 아니라 인돈의 내면적인 고독과 성숙이었다.

그는 당시 다른 아이들의 경우와 달리 개구리를 잡아서 선생님의 책상 속에 넣은 적도 없었고, 동무들과 싸운 일도 없는 그저 조용하고 착한 아이였다. 누구에게 물어도 '인돈은 언제나 신사였으며 어렸을 때도 그랬다'라는 것이 정평이었다. 그는 이렇게 불운 속에서 외로움을 이겨내는 데 익숙해지고 있었다.

chapter 2

신앙의 배경

조용하지만 강한 인돈 선교사의 꿈을 꾸다

인돈은 그의 어머니가 감리교인이었기 때문에 감리교회에서 세례를 받았고, 감리교회 교인 가족들과 이웃에 사는 여자 친구인 룻과 함께 교회에 출석했다. 그런데 어느 때인가 겨울이었는데 룻이 교회를 못 나가게 되었다. 그 때 혼자 출석하기 싫었던 인돈은 감리교회보다 더 가까운 곳에 있는 장로교회로 교회를 옮겨서 출석하였다.

그곳에서 그는 자신에게 평생의 꿈을 심어준 천사 같은 사람을 만났는데, 교회학교 교사인 신시어였다. 그녀는 사랑이 넘치는 교사였다. 늘 외로워서 한쪽이 허전하고 누군가를 의지하고 싶었던 인돈에게 그녀는 교사였을 뿐만 아니라, 상담자요 오랜 친구가 되어주었다.

그 때 교회학교의 관행은 교사가 한 반을 맡으면 바꾸지 않고 졸업할 때까지 학생을 계속 데리고 올라가는 것이었다. 그래서 그녀는 오랫동안 인돈과 사귀며 그의 영적 성장에 큰 도움을 준 멘토가 되었다. 한편 인돈은 그녀를 통해 교회가 사랑의 공동체인 것을 알게 되고 예수를 마음에 모시는 기쁨을 처음으로 체험하게 되었다. 아마 그녀가 인돈에게 선교사를 지망하여야 겠다는 생각을 불어넣어 준 첫 사람일지도 모른다.

5년 가까이 즐겁게 교회 생활을 한 뒤 그는 대학에 진학하기 위해 1907년 애틀랜타로 옮기게 되었다. 시골에서 대도시로 입성한 것이다. 성적이 좋은 학생이었기 때문에 조지아 공대에 들어갔으나 그곳은 조지아 공대 예비학급(Preparatory class)이었다. 조지아 공대는 1885년 공업학교로 시작하였다. 1888년 두 건물, 실습 및 상품을 팔기도 하는 건물(Shop Building)과 탑(Tech Tower)이 있는 행정 및 강의동講義棟으로 된 건물이 만들

1888년 조지아 공대에 최초로 세워진 두 건물

어진 뒤에 바로 공대가 되었다. 즉 그 대학은 처음부터 산학협동을 하는 대학이었다.

또한 이 대학은 남부 특유의 보수적인 대학으로 1920년까지 여학생을 받지 않은 곳이었다. 인돈은 그곳에서 기숙사 생활을 하면서 노스아베뉴의 장로교회에 다니게 되었다. 어려서 외톨이로 지내던 것에 익숙했던 그는 대학에 들어와 기숙사 생활을 하면서 좋든 싫든 친구를 사귀었지만 친구들을 선별해서 사귀는 편이었다.

특별히 가까이 지냈던 친구는 프랭크, 월러스 그리고 노리스였다. 학교 밖이나 교회에 가면 여자 친구가 있었는데 특히 어머니가 처녀 때 좋아했던 친구의 딸 로사 양을 좋아하였다. 그녀의 집은 대학교 가까이에 있었는데 그가 어렸을 때에 어머니를 따라와서 며칠씩 자고 왔던 곳이었다. 그들 세 친구는 주말이면 로사 양 집에 가서 카드놀이도 하고 대학 교정에서 부르던 노래도 부르곤 하였다. 얼마 안 가서 그들은 부엌으로 통하는 길도 알게 되었다. 부엌에서는 흑인 아주머니가 요리를 했는데, 특히 인돈은 찐 감자를 좋아했다.

그는 버터를 넣어서 먹는 대신 식혀서 그대로 먹는 것을 좋아했다. 한 번은 주방 아주머니가 학교에 가지고 가서 간식으로 먹도록 찐 감자를 싸주었으나 기숙사 문이 닫히기 전에 들어가려고 서두르는 바람에 그만 전차에 감자를 놓고 내렸다. 너무 서운해서 다음날 전차에 감자를 두고 내렸다고 전화를 했더니 주방 아주머니가 새로 감자를 쪄서 그가 다시 집에 들르면 바로 줄 수 있게 만들어 주기도 했다.

인돈이 대학에 입학했을 즈음에 이미 건강이 좋지 않았던 어머니는 오래 살지 못하고 이듬해(1908년) 인돈이 열일곱 살 때 세상을 떠나갔다. 이제 인돈은 사랑하는 어머니까지 잃고 완전한 외톨이가 되었다. 그 때까지 어머니를 옆에서 돕던 고모인 칼은 애틀랜타주의 자택으로 돌아간 뒤 인돈을 그녀의 집에서 학교에 다니도록 권했으나 그는 기숙사를 고집했다. 칼 고모의 사랑 때문이었는지 그는 어머니를 잃은 슬픔에서 곧 회복되어 정상을 되찾았다.

그는 이미 세상의 쓴맛을 많이 본 성숙한 청년으로, 과거보다는 현재 닥친 일을 위해 마음속으로 모든 일을 차근차근 계획해 갔다. 그는 어머니가 돌아가시고 난 뒤에도 조지아 공대에서 성적이 떨어지지 않았을 뿐 아니라 재학 중 가장 도덕성이 강한 학생이라는 칭찬을 들었다. 그는 용기 있고, 존경받고, 친구들에게 호감을 주는 참으로 사내다운 사내였다. 선하고 티 없는 농담을 잘 했으며 남을 놀려도 결코 상처를 주는 일이 없었으며 언제나 선한 일을 하였다.

큰 소리로 말하는 것은 화가 나서가 아니라 그가 말한 것을 제대로 들을 수 있고 경청하게 하기 위한 것이었다. 이런 모든 성품은 그가 후일에 선교사가 되었을 때 그를 성공하게 하는 밑거름이 되었다. 그를 만난 친구들은 늘 좋은 일이 생겼고 그들은 그것 때문에 그에게 감사했다. 그는 참으로 준비된 선교사였다.

그가 그의 삶을 완전히 기독인으로 헌신하고 외국 선교에 몸 바치겠다고 결심한 것은 조지아 공대를 다니던 중 노스아베뉴의 장로교 장로였던 헐 박사의 집에 기숙하고 있을 때였다. 처음 그가 조지아공대에 입학했을 때에는 기숙사에서 있었지만, 3학년 때 부터는 웨스트 피치 가에 있는 헐 박사 집에서 다녔

조지아 공대를 다닐 때 인돈이 다니던 교회

다. 헐 박사가 그를 장래성이 있는 청년이라고 믿어서 그에게 자신의 집을 숙소로 제공한 것이다.

인돈이 졸업을 일 년 앞둔 1911년에 그에게 큰 결단의 시기가 왔다. 한국 선교사로 가 있던 변요한이 한국에 충원할 33명의 선교사를 선발하기 위해 미국을 순회하다가 친구 헐 박사가 있는 조지아 주의 애틀랜타를 방문한 것이었다. 그는 한국의 목포를 중심으로 해남, 강진 지방에 교회를 개척했고, 1905년 목포 영흥학교 교장, 1908년 광주숭일학교 초대 교장을 역임한 분이었다. 몇 사람밖에 안 되는 선교사로는 한국 기독교의 급격한 성장을 감당하기 힘들다고 여긴 그는 1911년에 안식년으로 미국에 와있는 동안 한국에 파송할 선교사 지원자를 찾고 있었다.

인돈은 변요한의 강연을 듣고 마음에 뜨거운 불이 솟는 것을 느꼈다. 미국 남장로교 해외선교부가 한국에 선교를 시작하여 20년 동안에 1895년 전주, 1896년 군산, 1898년 목포, 1904년 광주에 선교부를 세워 그 선교부를 중심으로 활동하였다. 그런데 병원, 학교, 교회에 모여드는 사람들을 감당하기에는 각 선교부 인원이 턱없이 부족하다는 설명과 함께 각 선교사들의 구체적이며 희생적인 활동 내용들이 보고될 때 젊은 인돈은 걷잡을 수 없는 감동을 받았다.

그는 헐 박사와 충분히 상의한 뒤 미국 남장로회 해외선교부 실행위원회에 원서를 접수하고 1912년 4월 9일 대학 졸업 전에 선교사 임명장까지 받았다.

이에 당황한 것은 그의 고모 칼이었다. 오빠의 유일한 혈육인 조카가 들어본 적도 없는 먼 땅으로 선교사가 되어 떠난다는 것은 있을 수 없는 일이었다. 그때 인돈은 두 달 뒤인 6월에 대학 졸업을 앞두고 있었으며 대학에서 수석 학생이었던 그는 졸업 후 바로 GM사에 입사가 보장되어 있었다. 그는 미래가 보장된 촉망 받는 청년이었다. 칼 고모는 그를 눈물로 만류하였다. 만일 회사 취직이 싫으면 자기가 자본을 대서 사업을 할 수 있게 해주겠다고 말했다. 그러나 그는 자신의 의지를 굽

Executive Committee of Foreign Missions
of the
Presbyterian Church in the United States
Incorporated
R. H. Chester, Sec'y — Nashville, Tenn., U. S. A. — Robert W. Smith, Sec'y

Certificate of Missionary Appointment

This Certifies the appointment of Mr. Wm. A. Linton
a Missionary to Korea by the Executive Committee of Foreign Missions of the Presbyterian Church, U. S., on the ____ day of ____ 191__
Given under my hand, at the City of Nashville, in the State of Tennessee, this 9th day of April A. D. 1912

S. H. Chester
Secretary

인돈이 1912년 4월 9일 해외선교부 실행위원회에서 받은 임명장

히지 않았다.

1912년 6월 대학을 졸업한 후 그는 많은 시간을 고모 칼과 함께 보냈다. 대부분의 젊은이들은 자기 의견에 반대하는 친척들을 되도록이면 피하려고 했다. 그러나 그는 고모를 떠나지 않았다. 고모처럼 돌아가신 어머니를 돌보아 준 사람이 없었으며, 고모는 바로 그 자신의 어머니이기도 하였다. 그런 고모의 마음을 아프게 하고 떠나는 것은 있을 수 없는 일이었다.

그는 고모 방에 들어가 오랜 시간 동안 그녀를 설득했다. 아마 육신으로는 고모를 따르는 것이 당연하지만 가난한 나라에서 자기를 부르는 음성을 배신할 수 없다고 간곡히 말했을 것이다. 그들이 식사를 하러 밖으로 나왔을 때 칼 고모는 너무 울어서 눈이 부어 있었는데 반해서 그는 비교적 평온한 표정으로 나왔다고 그들을 본 사람들이 전했다.

칼이 이 문제를 양보한다는 것은 그녀에게 큰 희생임에 틀림없었다. 그녀는 조카의 친구들이 인돈이 주님을 섬기기 위해 먼 나라로 떠나는 것은 매우 영웅적인 행위이며 존경할 만한 일이라고 입을 모아 찬사를 보내고 있는 것을 잘 알고 있었다. 그럼에도 불구하고 조카 인돈이 자기 의견을 무시하지 않고 진심을 담아 설득하려 한다는 것도 알고 있었다. 그는 신사이며 결코 무례한 일을 하는 젊은이가 아니었다. 이렇게 해서 결국 칼은 조카의 뜻을 받아들여 그를 자랑스럽게 생각했고 두 사람은 화해를 했다.

인돈은 함께 여름을 보내자는 고모의 청을 기꺼이 들어주었다. 그들은 보통 여름 방학 때 미국의 동북부 해안에 있는 캐나다의 노바스코샤(타이타닉 호가 침몰한 곳)에서 실컷 낚시를 즐겼었는데, 그 해 여름은 아무에게도 말하지 않은 채 둘이서 노스캐롤라이나의 산으로 갔다. 이 기간의 침묵은 그가 한국 선교사로 평화롭고 조용히 떠나게 하는 데 큰 밑거름이 되었다.

1912년은 한국에 가장 많은 선교사가 파송된 때였다. 인돈은 그해 8월 초에 애틀랜타 주를 떠나 콜로라도 주 덴버에 있는 친

개항기의 목포와 유달산, 목포선교회가 이곳에 있었음.

구를 만나러 갔다. 그 뒤 8월 23일 어린애를 포함한 18명의 선교사 가족들이 만추리아 증기선으로 샌프란시스코항을 출발하여 호놀룰루를 거쳐 9월 20일 목포항에 도착했다. 선교사 중에서 최연소자는 바로 스물 한 살의 청년 인돈이었다.

인돈이 목포항에 내렸을 때 어떤 생각을 했는지 알 수 없다. 동서양의 거리가 훨씬 가까워진 오늘날도 세상의 한 끝에서 다른 세상에 도착해서 배나 비행기에서 내릴 때에는 착잡한 느낌을 경험하기 마련이다. 이것을 때론 문화적 충격이라고 부르기도 한다. 많은 이국적인 진풍경들과 생소한 소리들이 꿈속을 헤매는 느낌을 갖게 한다. 이것들은 호기심 같은 가벼운 느낌을 줄 수도 있으며 어떨 때는 강한 공포심으로 다가올 수도 있다. 인돈의 심정도 마찬가지였을 것이다.

목포는 상항商港으로 1897년에 개항해서 외국인들이 거류하고 있는 번창한 항구였다. 이곳에 미 남장로교 선교부가 신설된 것은 1898년의 일이었다. 이곳이 인돈이 처음으로 발을 디딘 곳이었다. 당시 한국에는 4개의 선교부(선교 거점)가 있었다. 목포 외에 광주, 군산, 전주였다. 그 중에 목포가 가장 취약한 곳이었는데 이유는 서울에서 교통이 가장 불편한 곳이었기 때문이다. 목포 선교부에는 오직 두 가정만 살고 있었는데 하딩과 유서백 가족이었다. 하딩은 그 때 2주간 서울에 가 있었기 때문에 유서백 부부가 성금요일에 이들을 영접했다.

| Part 2 |

낯선 한국의 선교현장

3. 낯선 땅에서의 적응　4. 3·1운동과 일본에 대한 인돈의 울분
5. 노총각의 결혼과 행복한 신접살림

어떤 사람의 삶은 태양에 비유할 수 있다. 그들은 우아하고 찬란하게 떠올라서 한낮을 향해 작렬히 빛을 내다가 선명한 영광 가운데 서서히 가라앉는다. 그들이 여기, 이 땅 위에 있는 동안 뿌린 빛과 따스함은 사라진 뒤에도 볼 수 있으며 느낄 수 있다. 윌리암 올더만 린턴(인돈)의 삶이 이와 같다.

William Alderman Linton

chapter 3

낯선 땅에서의 적응

유서백 부부는 변요한 선교사가 인솔해온 18명의 선교사와 가족을 환대하기 위해 부두로 나갔다. 선교사 인원이 절대적으로 부족한 참에 고향에서 온 이 많은 선교사를 맞이하는 것은 그들에게는 큰 기쁨이었다. 또 18명의 선교사 가족들도 이국땅에서 자기 동족을 맞는 것이 너무 기뻤다. 모두들 유서백의 집에서 환담을 하며 저녁을 먹은 후 여부솔 부부와 세 자녀는 전주로 가고, 인돈은 배편으로 군산으로 떠났다. 그는 군산 선교부로 임명을 받았기 때문이었다. 다시 그는 외톨이가 되었다.

그곳에는 이미 군산 구암병원에서 일하고 있던 손배돈 선교사와 위의사 선교사가 와 있었다. 그는 위의사 선교사 내외와 얼마동안 지내다가 그보다 일 년 전에 배속해 온, 총각으로 있던 매약한 선교사와 함께 단독주택으로 옮겨 살게 되었다.

군산에서 인돈의 가장 시급한 일은 한국말을 배우는 것이었다. 그에게는 선교부가 어학 선생으로 배정한 고성모(1941년 전주 완산 교회의 제5대 당회장)라는 선생이 있었는데 그는 1년 전부터 선교부 임명을 받아 도대선 선교사를 한 해 동안 가르친 경험이 있는 사람이었다. 이 고 선생은 이후로 수년 동안 변함없는 인돈의 동료가 되었고 인돈 또한 이 고 선생 외에 다른 어학 선생을 둔 일이 없었다. 그들은 늘 함께 살았으며 그들의 우정은 평생 계속되었다. 그들은 선교부내의 숙소에 있는 한 책상 앞에 마주 앉아 오랫 동안 공부를 했다.

인돈이 지쳐서 더 이상 이 공부를 계속할 수 없다고 생각되면 운동장에서 놀고 있는 학생들과 같이 야구 연습을 하러 나갔다. 인돈은 운동에 소질이 있었고 운동을 참으로 좋아했다. 이때 고 선생도 따라나섰다. 그가 해변가를 산책하러 나가면 고 선생도 함께 따라나섰다.

이렇게 인돈은 한국인과 같이 생활함으로써 한국어를 삶으로 체득했던 것이다. 그뿐 아니라 인돈은 어학에도 재능이 있었다. 일 년이 채 안되어 한국말을 어느 정도 능숙하게 구사할 수 있게 된 그는, 자기에게 맡겨진 군산의 영명학교에서 한국말로 영어를 가르치게 되었다. 그가 꿈을 갖고 한국에 올 때는 자기가 전공했던 공학에 관한 지식을 이 땅에 전하고 싶어 하였다.

그러나 이 나라에서 그런 전문 지식을 가르치는 것은 적합하지 않다는 것을 곧 알게 되었다. 그는 다른 분야의 과목을 맡기로 했다. 그리고 놀랄 만큼 빨리 배운 한국어로 성경까지 가르치게 되었다. 그는 아직은 풋내기였고 한국말 역시 서툰데 한국말로 성경을 가르친다는 것은 매우 어려운 일이었다. 그러나 인돈은 그것이 자기의 사명이라고 생각했기에 그것을 가능하게 하였다. 그는 이와 같이 인솔자의 명에 따라 낯선 이국땅에서 비록 미래가 어떻게 될지 불안했지만 잘 적응했다. 얼마 후 전주에서 선교회 모임이 있었는데 거기서도 인돈은 말하는 재능뿐 아니라 운동의 재능도 보여주었다.

당시 전주 이눌서 선교사내 집 위에 있는 테니스장에 전주 선교부의 선교사들이 모여 친교와 휴식을 취하며 오랜만에 수박 파티를 하고 있는 자리에 군산 구암병원의 의사인, 위의사

군산 영명학교

선교사가 인돈을 그들에게 소개했다. 이곳에서 인돈은 선배 선교사들에게 강한 인상을 남겼다. 첫째 그가 너무 어렸고, 둘째 한국말을 너무 유창하게 잘했고, 셋째 테니스를 잘했기 때문이었다.

인돈은 학교에서 차츰 많은 일을 맡게 되었다. 그즈음 위의사 선교사가 부인의 병 때문에 1917년 한국을 떠나게 되자 영명학교의 교장이었던 그를 대신해서 교장직도 맡게 되었다. 그가 교장이 되던 첫 여름 휴가 때 가장 잊을 수 없는 일 중의 하나는 일본의 가루이자와長野縣 市町村 輕井澤를 방문하여 어학 전문 교사였던 커밍스 박사(Dr. Cumings)와 알게 된 일이었다. 그는 인돈이 가장 어려워했던 한국어의 발음을 교정해 준 사람이었다. 인돈이 후에 한국말을 아주 유창하게 하게 된 것은 바로 그 때문이었다. 평소에 인돈이 가지고 있던 큰 고민은 한국 사람처럼 발음을 할 수 없다는 것이었다.

그러나 입술과 이와 혀 모양으로 바른 발음을 하는 방법을 배운 뒤, 커밍스 박사의 이 방법이 얼마나 훌륭한 것인가 하는 것을 알게 되어 평생 그 방법을 강의에 적용하는 열광자가 되었다. 그리하여 그는 이 방법을 남장로교 선교회의 언어훈련원에 적용하도록 했다. 그 해 여름 가루이자와輕井澤에 있을 때 커밍스 박사는 인돈에게 그가 군산에서 영어를 가르치고 있는 학생들에게도 이 방법을 써 보라고 제안했었다. 이 방법을 적용한 뒤 인돈이 선교회에 써 보낸 편지에 '많은 학생들이 영어를 이 방법으로 아주 잘 배웠기 때문에 미국 어느 도시에서 영어를 배웠느냐는 질문까지 받게 되었다'라고 쓰고 있다.

인돈이 23살의 총각으로 낯선 나라에서 4, 5년간 잘 적응해 간 것은 특별히 그의 여가생활 때문이었다. 흔히 선교사라고 하면 핍박 받고, 전도하다가 쓰러져 죽고, 한센 병 환자와 함께 살고, 전염병 때문에 또는 풍토병으로 시달리다가 죽어가는 사람을 생각하는데 그는 전혀 그런 타입이 아니었다.

1, 2년 열정적으로 전도하며 살다가 지쳐서 돌아가는 그런 사람이 아니고, 한국 사람을 사랑하고 한국 사람으로 평범하게 살기를 원하는 사람이었다. 그러나 그는 출생지가 다르기 때문에 결코 한국 사람일 수가 없었다.

그들은 가지고 온 돈으로 선교 거점이 될 땅을 사고, 울타리를 두른 그 속에서 적응 훈련을 하고 살아야 했다. **인돈**은 처음에는 총각인 **매약한**과 함께 살고 있었는데 이눌서의 아들, **이보린**이 교육 선교사로 군산에 배치되어 오자 셋이서 함께 살게 되었다. **이눌서**는 남장로교 해외선교부에서 임명을 받아 일차로 한국에 도착한 7인 선발대 중의 한 사람으로 성서 번역에도 지대한 공을 세운 분이며, 당시에는 평양 신학교에서 어학 교수 및 《신학지남》 편집인으로 있을 때였다.

이때 인돈은 여가로 사냥과 테니스를 아주 즐겼었다. 이것이 그로 하여금 한국에서 48년간 한국문화에 동화되어 지치지 않고 한국 선교사로 살게 한 활력소가 되었다. 인돈이 소천한 뒤 **이보린** 선교사가 쓴 추모사의 일부를 보면 그의 여가활동을 알아볼 수 있다. **이보린** 선교사는 1970년 3월 미국 테네시 주에서 사망했는데 한국은 자기가 태어난 고향이라고 한국에 묻히기를 원해 비행기 편으로 유해를 공수해 와서 양화진 제1묘역 마-20에 묻힌 분이다. **이보린** 선교사의 다음 글에 나오는 인명은 다 우리 이름으로 바꾸어 썼다.

> 인돈과 나는 일 년 동안 군산의 영명학교에서 그는 교장으로, 나는 보잘 것 없는 수학 선생으로 일하게 되었습니다. 그와 매약한과 나는 큰 집에서 같이 살았는데 우리는 매주 토요일에는 사냥을 갔습니다. 그는 가벼운 16구경 엽총을 잘 쏘았으며 나의 훌륭한 동반자였습니다. 인돈은 사격을 잘한다고 한국말 선생 고 씨는 말했는데 그는 '인돈은 앞에서 나는 꿩과 뒤에서 나는 꿩을 동시에 쏠 수 있다'고 침이 마르도록 칭찬했습니다. 그는 사냥 말고도 테니스에 있어서도 선수급이었는데 **부위렴** 선교사에게 테니스를 배울 때는 형편없는 헌 라켓을 사용했다고 합니다.
>
> 우리는 함께 즐거운 시간을 많이 가졌으며 또 의견도 많이 달랐지만 이것은 우리 사이에 흔히 있는 일이었습니다.

이 친구는 내가 오기 전 염소와 개들을 기르고 있었다는데 지금도 믿어야 할지 안 믿어야 할지 알 수 없는 것은 그가 염소를 안방으로 끌고 와서 젖을 짰다는 겁니다.

그러나 젖을 짜는 사진이 있는 것을 보면 그건 분명한 것 같습니다. 인돈은 전주에 있는 **위인사** 및 그의 여동생 **위엄일**과 함께 근교에 있는 절에서 캠핑을 하는 것이 연례 여름 행사가 되어 그는 이들을 자주 방문했습니다. 어쩌면 이것이 그의 좋은 성품을 기르는 데 도움이 되었을지도 모릅니다. …

인돈의 사냥 솜씨가 대단하였다는 것은 1948년 당시 전주 예수병원 원장으로 있던 구바울 원장의 글을 통해서도 알 수 있다.

인돈과 함께 거의 매 토요일마다 사냥을 나갔던 즐거운 기억을 또한 잊을 수 없습니다. 그는 꿩을 잘 명중 시켰는데 보통 총을 어깨에 걸치고 산 밑 쪽을 걷고 있다가 꿩이 날아오르기만 하면 거의 놓치지 않고 명중시켰습니다. 그와 함께 한 가장 인상 깊었던 사냥은 1948년에 진안 근처에서 멧돼지 사냥을 한 일입니다. 그날 우리는 14마리의 멧돼지를 봤는데 그 중 가장 멋진 놈을 그가 카빈총으로 한방에 잡았습니다. 군인 캡틴도 M-1 소총으로 3마리를 쏘았지만 다 놓쳤습니다. 인돈은 목표가 어디 있는지를 잘 알고 성공의 기회를 결코 놓치지 않은 것 같았습니다.

인돈(왼쪽)과 이보린(오른쪽)

chapter 4

3 · 1운동과 일본에 대한 인돈의 울분

일본의 학정은 점차 심해져서 지식인과 학생 그리고 종교인 뿐만 아니라, 농민과 노동자에 이르기까지 모든 국민의 반일감정을 불러일으켰다. 한국이 일본의 무단정치를 겪고 있을 무렵 1918년 1월 미국대통령 윌슨은 14개 조로 된 전후 처리 원칙을 파리 강화회의에 제출했다.

그는 그 가운데서 〈각 민족의 운명은 그 민족 스스로 결정한다〉라고 하는, 민족자결의 원칙을 제창하였다. 이것은 세계의 피압박민족에 대한 자극제가 되었다. 이 민족자결주의의 새로운 원칙은 항일투쟁을 계속해오고 있던 한국의 독립 운동가들에게 용기를 불어넣은 것이었다.

이와 같은 흐름 속에서 1919년 1월 22일 고종 황제가 갑자기 승하하게 되자 일본인들에 의한 독살설이 유포되어 한민족의 일본에 대한 증오는 극도에 달하였다. 3 · 1운동 주축의 대부분은 종교인들이었다. 3 · 1운동 독립선언의 대표 33인은 천도교 측이 15인, 기독교 측이 16인, 불교 측이 2인이었다. 거사일을 3월 1일로 하게 된 것은 3일이 고종의 인산因山 날이었고 2일은 주일이었으므로 하루를 앞당겨 1일로 한 것이다.

이 운동은 거의 두 달 동안 전국 각지에서 계속되었는데, 이는 독립에의 염원이 어느 특출한 애국자에게만 있는 것이 아니라 깨어있지 못한 산간벽지 부녀자들, 심지어는 소학교 어린 학생들에게까지 사무쳤던 까닭이고, 이 거족적인 운동이 산간벽지에서 거의 같이 일어날 수 있었던 것은 고종의 인산에 참여한 전국의 인사들이 각각 제 고장에 내려가서 그 운동을 일으켰고 교회가 그 거대한 조직망을 통해 과감히 운동을 추진했기 때문이다. 운동이 치열해지자 당황한 일제는 주동자 체포에만 그치지 않고 발포명령을 내렸으며 무차별 학살을 명령했다.

인돈이 교장으로 있던 영명학교 선생과 학생들도 3월 6일 군산 장날에 '독립만세'를 부르기 위해 기숙사에서 태극기와 독립선언서를 만들었다. 세브란스 의전醫專에 유학 중이던 김병수가 독립선언문을 가져왔었다. 그러나 이것을 알고 경찰들이 병원 노무자 중 연약한 자 하나를 붙들어 몹시 압력을 가했기 때문에 이 병원 노무자는 모든 일을 토설하고 말았다.

그래서 3월 5일, 거사 하루 전날 열 사람의 경찰관이 와서 학교 선생을 체포하고 건물을 뒤져서 그들이 찾을 수 있는 모든 혁명적 문건을 압수하였다. 그들이 박연세 선생 등을 수갑으로 채워 감옥으로 데려 갈 때 학생들은 모두 주변에 무리를 지어 '너희들은 나도 데려가야 한다'고 소리쳤다. 경찰관은 주동자인 영명학교 선생만을 체포하여 군산 경찰서로 데려 갔다. 이 때 학교 종소리가 울려 퍼졌다. 영명학교 운동장에는 학생들이 모여들었고 멜본딘 여학교 학생들도 합세하였다.

이렇게 모인 100여 명의 남녀 학생들, 교사들, 구암병원 직원들이 경찰서를 향해 행진해갔다. 가는 길에 군산 초등학교 학생들, 구암교회[1] 교인들이 합세하여 500여 명의 시위군중이 만세를 불렀고 그 중 40여 명이 검거되었다.

이 시위는 3월 30일 밤에도 등불을 들고 계속되었다. 이 3 · 5만세사건에 합류한 총 동원 인원은 지식인, 학생, 교인, 일반 시민 등 3만여 명이었으며, 이 만세 사건으로 53명이 사망했고 72명이 실형을 당했다고 신문은 보도하고 있다. 이 만세운동은 한강 이남에서 최초로 일어난 만세운동으로 군산 시민들은 이를 자랑스럽게 여기며 지금도 구암동 거리에서 3 · 5 만세운동의 재현을 하고 있다.

당시 군산에 있었던 **부위렴** 목사의 목격담에 의하면 만세운동에 참여한 사람들은 마치 무개차에 실린 짐승처럼 감옥에 끌려갔으며, 감옥은 검거된 사람으로 빽빽이 들어차서 숨이 막힐

1) 1896년 전위렴, 유대모 선교사와 장인택 전도사에 의해 군산에 최초로 세워진 교회

것 같았다고 했다.

심히 공격적인 방법으로 격렬한 고문을 했는데, 뜨거운 인두로 지지고, 손을 묶고 매달아 코에 물을 부었다고 감옥에서 풀려난 사람은 치를 떨면서 말했다. 일본 당국은 기독교인이 모든 사건의 배후에 있다고 생각하여 교회를 불 지르고 많은 목사를 체포하였다. 1919년 총회는 전례를 깨고 당시 평양신학교 교장이었던 **마포삼열** 목사를 총회장으로 선출했다. 한국 사람이 총회장이 되면 생명이 위태로웠기 때문이었다.

혈기 왕성한 젊은 총각 **인돈**은 미국에서는 있을 수도 없고 볼 수도 없던 이 약소국가에 대한 학대를 목격하고 큰 울분 속에 5월 4일 미국으로 떠났다. 그 해가 인돈이 처음 맞은 안식년이었기 때문이었다. 그러나 제1차 세계대전 직후가 되어 배편을 얻기가 어려웠다. 결국 그는 기차로 구 소련령 블라디보스토크까지 가서 배를 탈 수 밖에 없었다.

이 배는 일본이 한국을 점령하고 있었기 때문에 한국의 항구를 통과할 수가 없었다. 배는 중국 군인으로 가득 차 있었다. 그는 이 배에 편승하여 캐나다의 밴쿠버에서 내렸다. 그리고 조지아 주의 애틀랜타에 들려 수일을 지낸 뒤 고향인 토머스빌에 도착했다. 그는 8월에 노스캐롤라이나 주 몬트리트에서 열린 해외 신교사 대회에 참석하여 한국의 실정을 보고할 생각이었다.

인돈이 애틀랜타 주의 격년제 미국 남부지역의 평신도 대회에서 보고했던 내용은 애틀랜타 주 지방신문에 다음과 같이 실려 있다. 그는 한국의 실정을 외국에 폭로하고 호소함으로 세계 각국이 일본에 압력을 가하도록 하는 방법이 최상이라고 생각했던 것이다.

한국인들은 어떻게 자유를 갈구하고 있는가?
평신도 대회에 참석한 전 조지아공대 출신 린턴[2](인돈)은
일본의 잔악 행위를 공개하다

세계 역사에서 가장 특기할 만한 독립만세사건의 직접적인 설명은 장로교 평신도 대회에 한국의 선교사로서 일하고 있었던 조지아 출신의 젊은이인 린턴에 의해 공개되었다. 조지아공대를 졸업하고 토머스빌에서 태어난 그는 미국 선교사로서 한국을 마지막으로 철수한 사람이다. 그는 장로교를 위해 한국에서 실업학교를 설립하기 위해 7년을 보낸 사람이기도 하다.

"한국의 운명은 연합국에 의존하고 있습니다."라고 그는 말한다.

2) 신문에 게재된 인돈의 미국명 린턴을 그대로 썼음.

3·5 운동을 주도했던 군산의 영명학교

"국제 평화 회의는 1,500만 한국민의 일본에 대한 항의를 인정해야 합니다. 일본은 10년 동안 조직적인 방법으로 5000년 동안 꾸준히 존재해온 한국인의 인종적 정체성과 역사와 문화를 말살하려고 노력해 왔습니다. 그러나 일본의 독재에도 불구하고 한국은 중국을 통해 파리의 평화회담에 비밀로 대표를 보낸 바 있습니다."

린턴은 실감 나게 지난 3월 달에 일어난 한국인의 유명한 봉기를 묘사했다. 이것은 한국인이 일본의 압제 하에서 그들의 나라가 얼마나 무력한 상태에 있는가 하는 것을 세계에 알리는 첫 시도다. "그것은 비폭력의 항거였습니다."라고 린턴은 말한다.

"그럴 수밖에 없는 것이 한국인은 허가 없이는 무기를 소지할 수 없기 때문입니다. 한국 사람들은 그들 나라의 말을 할 수 없습니다. 그 나라 말로 신문을 발간할 수 없습니다. 그들은 항의하는 말도 할 수 없습니다. 토지를 잃었습니다.

일본의 1/3이 넘는 땅을 가지고, 5000년도 더 오래된 역사를 가진, 근본적으로 다른 민족인 한민족이 10여 년에 걸쳐 일본에 실질적으로 합병된 상태에 놓여 있습니다. 국민들은 여러 방법으로 뭉쳐서 정식으로 독립을 주장하는 데모를 했습니다. 3월 1일, 남자와 여자 그리고 노인부터 어린

애까지 많은 군중들이 수도 서울과 인구 30만이 되는 도시에서, 또 농촌 각지에서 거리로 나와 행진했습니다.

일본 정부가 군중을 강제로 해산시키기 전까지 행진은 질서정연하였고, 폭력도 없었으며, 반항도 없었습니다. 일본 당국이 항거를 진압할 수 있는 유일한 방법은 거리에 나온 사람들을 체포하는 일 뿐이었습니다. 그럴 줄 알고 하는 행진이었습니다. 얼마 가지 않아서 감옥은 남녀노소 할 것 없이 많은 군중으로 넘쳤습니다. 평화 행진은 전국 각지에 퍼졌습니다. 감옥에 자리가 없을 지경이었습니다. 그래서 행진하는 사람들에게 기병대를 보내서 말발굽으로 짓밟았습니다. 그래도 행진은 다시 시작되었습니다. 일본 정부는 더욱 강력한 군대를 동원하여 평화행진을 하는 수천 명의 시위대원들을 총으로 쏘고 총검으로 찔렀습니다."

"한국은 민주주의를 원합니다. 그들은 한 나라의 국민으로 살기를 원합니다. 여러 해 동안 이 나라는 중국의 지배를 받아왔습니다. 일본은 청 · 일, 러 · 일전쟁에 이긴 뒤 한국 지배를 시작했습니다. 바로 1910년 한일 합방입니다. 그 후로 한국어를 말살하고 일본에 합병함으로 한국을 지도상에서 지우려 하고 있습니다. 한국은 온전히 소극적이며 평화로운 방법으로 또 아무도 도와주지 않는 시위로 세계를 향해 그의 공황을 호소하고 있을 뿐입니다."

미국의 전국 남장로교 평신도대회가 2년마다 한 번씩 열리는데 인돈의 안식년이 이 집회가 열리는 해가 된 것은 인돈이나 한국에 큰 행운이었다. 이곳 미 남부지역을 총 망라한 4,500여 명의 교회대표에게 3 · 1운동의 참상을 알리게 되는 절호의 기회를 가졌기 때문이었다. 이 회의에 앞서 미국에 들어와 있던 12명의 선교사들은 한국의 가정, 결혼 풍속, 장례식, 선교사들이 세운 교회와 학교들의 실상을 한국 의상을 입고 연극으로 생생하게 알렸다.

이후 인돈은 남은 안식년 기간을 공부하는데 전념하기로 했다. 한국에 가서 느낀 것은 공과대학을 졸업해서 공학 기술을

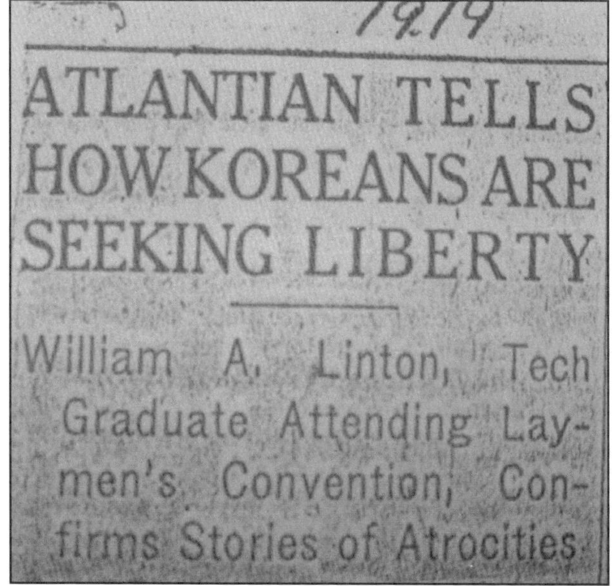
1919

ATLANTIAN TELLS HOW KOREANS ARE SEEKING LIBERTY

William A. Linton, Tech Graduate Attending Laymen's Convention, Confirms Stories of Atrocities

1919년, 인돈이 일본의 잔학상을 폭로한 내용을 게재한 애틀란타 지방 신문

그들에게 전수하고 공업입국을 하게 하겠다는 그의 초심은 실천할 수 없는 것이었다. 먼저 문맹을 퇴치하고 하나님 말씀을 가르쳐서 그들이 예수 그리스도를 알게 하는 것이 급선무였다. 그러기 위해서 그는 교육학과 신학을 공부해야겠다는 생각을 굳게 했다.

그는 안식년을 일 년 더 연장하여 미국에 2년 기간에 공부하는 데 먼저 미국 선교부로부터 허락을 받았다. 그리고 가을에 화이트 성경학교(White Bible School: 현재는 신학교)에서 공부하기로 했다. 동시에 그는 컬럼비아 사범대학에 교육학 석사학위를 받기 위해 등록했다.

그는 한국에서 학생들을 가르쳐야 했고 학교의 교장 직임을 수행하기 위해서는 교육학을 전공하는 것이 꼭 필요하다고 생각했던 것이다. 이 2년 동안 인돈은 크리스마스 휴가 때마다 성실하게 칼고모의 집을 방문했다. 특히 1920년 여름의 반은 고모와 함께 보냈고 또 반은 남장로교회 콘퍼런스를 하는 노스캐롤라이나의 몬트리트(Montreat)에서 보냈다.

이 2년 동안에 그는 컬럼비아 대학에서 교육학 석사 학위를 받았을 뿐 아니라 그보다 훨씬 중요한 보상을 받았는데 그것은 하나님께서 그의 착한 심성을 보시고 그의 평생의 반려자가 될 여인을 만나게 해 준일이었나.

chapter 5

노총각의 결혼과 행복한 신접살림

인돈이 1921년 6월, 그의 나이 30세에 컬럼비아 사범대학에서 교육학 석사를 마치고, 그해 여름 몬트리트에서 열린 남장로교 선교회 모임을 끝으로 8월에 출국할 준비를 하고 있을 때였다. 그곳에서 그는 아리따운 처녀 샬롯을 만났다. 그는 모든 여성들에게 칼 고모를 대하듯 친절하게 해야 한다고 생각하고 있었다. 그러나 그곳에서 교편을 잡고 있던 샬롯은 아주 딴 여성으로 다가왔다. 인돈이 여성에게서 그렇게 눈부시고 설레는 마음을 가져보기는 처음이었다.

공원에서 따로 약속을 하고 몇 번 만났다. 샬롯이 말하기를, 자기는 오래 전부터 인돈을 잘 알고 있었다고 말했다. 아버지를 만나러 가기 위해 5년 전 한국의 이리(익산)역에서 내렸는데 그때 인돈을 만난 일이 있었다는 것이다. 인돈은 군산에서 활동하던 다이사트(후에 샬롯의 3째 어머니가 됨) 여선교사를 동반하고 이리역에 그녀의 친구 박세리 여선교사를 마중 나간 일이 있었다. 박 선교사는 기전학교 교장을 지낸 바 있는 독신 여선교사였다. 당시는 전라선이 개통되지 않아서(1936년 개통) 전주까지 그들을 태워다 주기 위해서 이리역에 간 것이었다. 인돈은 그 때 17살의 앳된 샬롯을 본 기억이 되살아났다. 그녀는 당시 미국에서 대학에 들어가기 전 1년을 부모와 함께 보내기 위해 한국에 왔었다고 말했다.

샬롯 벨은 **배유지** 목사와 그의 부인 **배주량** 선교사의 딸이었다. **배유지** 목사는 이미 1893년 한국에 선교사로 임명된 분이었다. 샬롯은 불행하게도 2살 때(1901년) 어머니를 잃었다.

배유지 목사가 1898년 목포 선교부를 설립하고 1901년 선교여행으로 전주에 가 있는 동안 그의 부인이 아프다는 전보를 받고 바로 목포를 향해 돌아왔는데 도착하니 부인은 벌써 소천한 뒤였다.[3] 그의 부인은 남장로교 선교사로서 최초로 소천한 분이었다. 부인이 떠난 뒤 남겨진 자녀는 5살의 아들과 2살 된 딸 샬롯이었다. 그녀도 불행한 인생을 살고 있었다.

그녀의 이러한 사정을 안 인돈은 샬롯과 더욱 가까워지고 그녀의 곁에서 도와주고 싶은 심정이 솟구쳤다. 8살 때 장티푸스

---

3) 당시는 경부선이 1905년, 호남선이 1914년에 개통되었기 때문에 바로 간다고 해도 군산에서 목포로 배를 타고 가지 않으면 안 되었다. 그녀는 현재 서울의 양화진 제1묘역 바-13에 안장되었다. 목포양동교회는 1902년 그녀를 기념해서 로티 위더스푼 기념 예배당을 세운 바 있다..

로 사망한, 사랑스런 누이동생 칼리의 생각이 나기도 했다. 아버지를 떠나 미국에서 지내다가 대학에 가기 전 1년 만이라도 함께 살고 싶어 왔었다는 그녀가 측은하기도 했다.

배 목사는 바로 부인 사후에 남겨진 자녀들을 미국으로 데려가 자녀들의 고모와 켄터키에서 살게 했다. 따라서 샬롯이 아버지와 함께 산 것은 아버지가 재혼 후 한국으로 떠나기까지의 3년 동안이었다고 했다.

샬롯은 과거 인돈과의 추억을 많이 이야기했다. 자기가 한국을 떠나기 전 여름에 광주에서 선교집회가 있을 때 인돈은 오부인[4] 선교사네 집에 머물고 있었는데 샬롯은 그가 자기 집에 머물지 않은 것이 무척 서운하고 속상했었다고 말하였다. 그러나 인돈이 자기 아버지에게 말과 수레를 빌려서 자기와 캐시 레이놀즈 양을 태우고 같이 놀러 나가주어서 속상한 기분이 풀렸다고 했다.

인돈이 안식년을 마치고 한국으로 떠나기 전 샬롯을 만나서 그녀에게 사랑을 고백했다. 선교사가 배필을 찾는다는 것은 쉬운 일이 아니었다. 첫째 여자와 데이트할 기회와 시간이 거의 없고, 또 어렵게 여성을 만난다 할지라도 선교사를 따라 머나먼 타국에까지 가려고 하는 여인을 찾기는 쉽지 않았다.

따라서 현지에 있는 처녀 선교사를 만나 결혼하기 마련인데 그것 또한 쉬운 일이 아니었다. 그때까지 화려하게 성공한 사

4) 1904년 과로로 쓰러진 남편 오기원을 이어 계속 선교활동을 하다가 1923년 귀국

례는 1894년에 내한한 의료 선교사 **하위렴**과 처녀 선교사였던 **데이비스**[5)]와의 감쪽 같은 밀회의 성공뿐이었다.

샬롯은 인돈을 무척 따르고 사랑했다. 그녀는 당분간이라도 인돈과 헤어지는 것은 안타까웠지만 당시 교사직을 가지고 있었으므로 어쩔 수 없어 혼자서 긴 겨울을 지내야 했다. 그리고 이듬해에는 한국에 들리지도 않고 일본으로 직행하여 초특급으로 결혼식을 하게 되었다.

인돈은 1922년 6월 10일 한국에서 일본으로 달려갔다. 이렇게 31세의 신랑과 23세의 신부가 숨 가쁘게 달려와 화촉을 밝히고 한 가정을 꾸민 것이다. 그 뒤 1960년까지 두 부부는 오직 한국을 위해 살다가 세상을 하직하였다. 장인 **배유지** 목사는 그때 2대가 한국의 선교사가 된 것을 자랑스럽게 생각했다.

배유지 목사는 1901년에 첫 부인을 잃고 다시 1919년에 제암리교회 참상을 취재하고 돌아가던 둘째 부인을 교통사고로 잃었다. 그리고 셋째 부인은 앞에서 언급한 다이사트로 배유지 목사와 평생을 같이 살며 두 아들을 더 얻게 되었다. 배유지 목사는 세상 사람의 눈에는 퍽 불행한 삶을 살았지만 하나님의 은혜의 복음을 증거하는 데는 목숨까지 중하게 생각하지 않은 분이었다.

---

5) 1892년 남장로교 최초 7인 선교사로 내한하여 1898년 하위렴과 결혼했으나 1903년 5년 만에 전염병에 감염되어 소천

사위 인돈의 결혼을 출발점으로 그 후손들 즉 **배유지** 목사의 후손 4대가 한국 선교사가 되었으며 1995년에는 **배유지 100주년 기념사업회**를 조직하였고 그의 외증손자 인세빈(Linton, Stephen)은 지금도 '한국의 기독교 친구(CFK)'라는 이름의 조직으로 북한을 돕고 있다.

결혼식에는 그녀의 아버지와 큰오빠(Bell, Henry)가 참석했으며 친척 되는 로간(Chas A. Logan) 목사의 주례로 아침에 아주 조촐한 결혼식을 치렀다. 그러나 그것은 이국땅에서 황홀한 결혼식이었으며 신혼여행으로 일주일 동안 다닌 나라(奈良: 일본의 고도)도 꿈속 같았다.

그 뒤 그곳은 아주 비좁은 호텔 방이라는 것을 알았지만 하오리 하까마가 놓인 방에서 신방을 차린 것은 꿈과 같았다. 푸치니의 오페라 '나비부인'에서 보았던 다다미방을 처음 보았던 것이다. 그들은 거기서 허니문 베이비도 갖게 되었다. 다시 로간 목사가 사는 도꾸시마(四國, 德島)를 방문하여 거기서 2,3일을 더 지내고 한국으로 돌아와 광주로 가서 우선 그녀의 아버지 배유지 목사의 집에서 묵었는데 마침 그 때 열리고 있던 선교부 연차대회에 참석하였다. 대회가 끝난 뒤 신방을 차릴 군산으로 갔다.

인돈의 결혼 사진

인돈의 아들과 가정부

하위렴 선교사 내외의 영접으로 이리역에서 군산까지 간 그들은 2, 3일 동안은 군산 병원에서 일하는 **손배돈** 선교사 댁에서 대접을 받으며 지내다가 **하위렴** 부부가 안식년을 맞고 떠나게 되자 그들이 떠난 집에서 살게 되었다.

하위렴 선교사네 집에 정착하자 인돈이 알고 있던 유씨를 가정 집사로 쓰기로 했다. 그러나 **인사례**(샬롯)는 유씨를 좋아하지 않았다. 그는 신혼 부인의 기분은 아랑곳 하지 않고 이렇게 하라 저렇게 하라고 자기 마음대로 지시하면서 살았기 때문이었다. 그는 신혼부부를 널리 소개하기 위한다고 손님들을 초대하여 식사 대접하는 것을 좋아했으며 눈치도 없이 밤늦게까지 접대하는 것을 좋아했다.

그러나 새로 고용한 여자 가정부는 처음부터 매우 상냥했고 애들도 많이 따랐다. 그래서 그녀는 오래도록(1940년까지) 인돈네 가정과 함께 지냈다. 실제로 이 부부는 네 아들을 낳았는데 그 가정부는 애들에게 재미있는 추억을 남겨 주었다. 그 하나는 목욕을 하면 그 가정부는 얼마나 세게 등을 문질렀는지 끝나고 나면 애들은 피부가 따끔거린다고 말할 정도였다. 그것은 그녀가 목욕 수건을 썼기 때문이 아니었다. 아무것도 쓰지 않고 맨손으로 문질렀는데 그녀의 손이 솔만큼 거칠었기 때문이었다.

인사례는 처음 대하는 모든 것이 다 신기했다. 인돈은 여름에 지낼 지리산을 답사하고 와서 한 달간 그곳에 텐트를 치고 지붕 같은 것도 만들고 화덕도 만들어 야영을 하였다. 인사례는 임산부였는데 혈기 왕성한 인돈은 별로 개의치 않았다. 가마를 태우고 갔으며 험한 곳은 로프로 허리를 동이고 일꾼을 시켜 끌어올리게 했다. 물론 인사례도 불평하지 않았다.

모든 것이 생소하고 신기한 가운데 결혼 한 해를 지내고 이듬해 4월 1일 인사례는 허니문 베이비로 장남 인돈 II세(William Linton, Jr)를 낳았고 또 연년생으로 1924년 4월 21일 차남 유진(Eugene Linton)을 낳았다. 그런 분주한 가운데 보낸 그들의 생활상은 1924년 10월 25일 미국 선교부에 보낸 인사례(샬롯)의 편지에 구체적으로 드러나 있다.

군산의 영명학교는 학생이 300명쯤 되며 선생은 8명입니다. 이 300명은 유치원생부터 고등학생까지 온갖 학년이다 섞여 있으며 거기서 인돈은 성경과 영어를 가르치고 있습니다. 이곳 학생들은 대부분 미국 학생들과 다를 바 없는 과목들을 공부하는데, 일어와 한문과 성경을 더 가르치는 점이 다르고, 대부분 나이가 많다는 점이 미국의 경우와 다릅니다. 결혼한 학생들도 있습니다. 나는 이렇게 결혼해서 부인과 떨어져 공부하는 학생이 안쓰럽고 또 그 부인들도 안됐다는 생각이 듭니다. 공부를 하고 나면 결국 학력 차가 생겨 서로 어려울 것이기 때문입니다.

인사례는 아버지인 배유지 목사가 얼마 전 외손자들을 위해 한국 조랑말을 사 주었는데 그 조랑말은 성질이 유순하고 좋아 벌써 수레도 끌고 있다 라는 이야기도 덧붙였다. 큰 아들 '빌리(인돈 2세)'는 모든 동물을 좋아해서 아직 말도 못하면서 동물을 따르고 지금은 강아지를 더 좋아한다고 했고, 강아지가 더 어렸을 때는 자기가 먹는 토스토를 강아지에게 주는데 그걸 받아먹지 않고 땅에 떨어뜨리면 땅에 떨어진 것을 주워 먹어서 빌리만을 돌볼 사람이 있어야 할 것 같다는 말도 편지에 덧붙였다.

그녀는 한국어 훈련을 받으며 약간의 선교활동을 맡고 있는데 18개월, 6개월밖에 안된 두 아들을 이 씩씩한 가정부가 없다면 어떻게 길렀을 것인지 상상을 할 수도 없다고도 했다. 인사례의 고국에 보내는 선교편지는 인돈의 선교활동을 잘 보여주고 있다.

지난 봄에는 아낙네들에게 하루에 한 시간씩 열흘 동안 성경공부를 지도했습니다. 얼마나 알아들었을지 궁금합니다. 어려서 목포에서 자라면서 한글을 익히기는 했지만 꼭 써야 될 말이 나오지 않아 힘들었습니다. 거기엔 어린애부터 할머니까지 다 있었는데 할머니들은 언제나 머리를 끄덕였는데 그게 알아들었다는 뜻인지 어쩐지 모르겠고, 아낙네들은 어린애를 업고 와서 공부했기 때문에 주위가 산만했습니다. 그러나 열심히 공부하는 분들도 있어서 다음해 봄에는 잘 준비해서 알아들을 수 있도록 가르쳐야겠다는 생각을 합니다.

인사례는 한국부인전도회 활동도 소개하고 있다. 나이 든 부인들이 자기 집에서 한 달에 한 번씩 모임을 갖는데 그녀들의 모임은 흑인들의 모임을 생각나게 한다고 말했다. 헌금 할 때마다 이름을 부르면 돈을 내는 것이 흑인들 헌금 때와 같기 때문이라고 했다. 또 전도회 부인들은 아픈 사람을 심방하고 모임에 오게 된 새 신사를 환영하는 데 헌금을 쓴다고 전했다.

한국 아낙네들은 호기심이 많아 집에 오면 귀찮을 만큼 질문을 합니다. 식당에 오면 그녀들은 '밥 먹을 때는 식탁 위에 올라가서(한국 사람은 의자에 앉아 먹지 않으므로) 먹느냐' 고 묻는 사람도 있고, 미국 사람은 어린애들도 흰머리이기 때문에 '나이 구별을 어떻게 하느냐'라는 질문도 합니다. 그러나 이런 물음에 대답하면서 밖으로 나가지 않고 자연스럽게 집에서 기독교에 대해 말할 수도 있어서 좋았습니다.

이 내용들은 다 신혼 선교사 부부의 즐거운 선교활동을 보여주고 있다. 인돈은 가정에 매우 충실해서 아침 일찍 학교에 나가면 반드시 점심시간에 집에 들러 식사를 하고 잠깐 쉰 뒤 학교에 다시 나갔는데 귀가가 늦어지면 인사례는 친구인 매약한의 부인 쿠퍼네 집에서 기다리다가 함께 귀가했다. 매약한은 인돈보다 일 년 전에 결혼한 부부로 그들은 매우 친근한 사이였다.

인돈의 교육선교 그늘에는 늘 부인 인사례의 후광이 있었다. 그녀의 선교활동은 인돈을 도울 뿐 아니라 그의 활동의 일부이기도 했다. 그녀는 살림을 하는 주부이자 두 아이의 어머니이면서도 끊임없이 바쁜 남편을 도와 미국에 있는 선교 동역자들에게 편지로 연락하며 선교열정을 불태우고 있었다.

폐교 직전 기전학교 제 21회 졸업생들의 학급사진

폐교 후 신흥학교 직원과 생도의 눈물겨운 석별 장면이 조선일보에 게재됨

| Part 3 |

교육가로서의 인돈

6. 영명학교 교장, 인돈의 교육철학　7. 전주신흥학교

8. 영광을 주님께 -지정학교 획득

9. 신사참배 거부와 남장로교 산하 10개 학교의 폐교

어떤 사람의 삶은 태양에 비유할 수 있다. 그들은 우아하고 찬란하게 떠올라서 한낮을 향해 작렬히 빛을 내다가 선명한 영광 가운데 서서히 가라앉는다. 그들이 여기, 이 땅 위에 있는 동안 뿌린 빛과 따스함은 사라진 뒤에도 볼 수 있으며 느낄 수 있다. 윌리암 올더만 린턴(인돈)의 삶이 이와 같다.

William Alderman Linton

chapter 6

영명학교 교장, 인돈의 교육철학

인돈은 영명학교의 교장직분 수행에 바쁜 가운데서도 여가활동을 즐겼을 뿐만 아니라 가정에도 충실했다. 결혼한 다음해 4월에 첫 아이를 낳은지 3개월밖에 안 된 아내를 데리고 일본에 가서 그들을 주례했던 로간 목사를 방문하고 여름 한철을 풀턴(Fullton, Darby) 박사와 함께 테니스와 등반을 즐긴 것은 너무 심한 것이 아니었나 싶을 정도였다.

다시 일 년 뒤 4월에 차남을 낳았을 때도 두 아들을 데리고 4개월 만에 지리산으로 휴양을 떠나기도 했다. 또 장인이 외손자들을 위해 선물한 조랑말에 애를 태우고 어디를 다녔는지는 잘 알려지지 않았으나 그런 즐거움도 있었으며 좋아하는 사냥도 다닌 것은 분명하다.

인돈은 1925년 6월, 장로교회 월보[6]에 〈한국에서의 교육 사역〉

6) The Presbyterian Survey, 1925. 6

이라는 제목으로 다음과 같이 자기의 교육철학을 담은 글을 발표했다. 그는 선교부가 교육과 선교를 동시에 하려고 하지 말고 유능한 종교지도자를 먼저 교육으로 양성하여 이제는 한국 사람으로 하여금 교회 지도자가 되게 하고 스스로 자국민에게 전도하게 해야 한다는 주장을 하였다. 각국의 해외 선교정책에도 도움이 되는 글이었다.

> 어느 나라 사람에게든 복음을 전하는 가장 좋은 방법은 백성들이 진보한 정도에 따라 또 복음이 그들을 계몽한 정도에 따라 변화되어야 한다는 것입니다. 여기 한국도 마찬가지입니다. 처음 선교사역이 시작되었을 때 설교자와 의사는 손에 손을 잡고 복음 선포와 치유사역을 같이 해왔습니

조랑말과 빌리 그리고 인돈 부부

다. 그러나 후에 점차 학교가 세워지면서 이제 한국에서의 참 사역은 각 선교회에 남녀 학교가 세워지는 것을 볼 뿐 아니라 이곳 선교사들이 점차 설교하는 임무를 현지의 교인에게 넘겨주고 자신들은 성서교실이나 신학교에서 이들 사역자를 가르치는 사람으로 바꾸어져야 한다는 것입니다.

우리는 지금 이렇게 한국에서 일할 사람들을 성경시간에 또는 성경 사경회와 신학교에서 가르치고 있습니다. 이제 가르치는 것이 복음전파에 가장 효과적이라는 것을 알게 된 시점에 와 있습니다. 먼저 우리를 찾아온 남녀 학생들과 함께 이 일을 시작해야 합니다.

이들은 대부분 기독교 가정에서 온 남녀 학생들입니다. 그들에게 먼저 사는 방법을 가르치고, 다음 그리스도를 위해 사는 것을 가르쳐야 합니다. 지금은 대부분 초등학교 학생이지만 이제 이들을 고등학교(고등보통학교: 경우에 따라 2,3,4년이 있었음)까지 끌고 올라가기를 제안합니다. 그들은 기독교 환경 안에서 기독교인 교사에 의하여 교육받기를 원합니다.

이방 종교 사회에서 살아보지 못한 사람은, 그런 곳에 미신과 이방 종교의식이 얼마나 뿌리 깊이 박혀 있는지 이해하기가 어려울 것입니다. 기독교 국가의 경우 술주정뱅이의 얼굴에서 기독교인이 된지 오랜 뒤에도 그의 과거를 찾아볼 수 있는 것처럼, 이방 종교 사회에서 성장한 사람들은 그의 삶에서 이방종교의 흔적을 볼 수 있습니다.

따라서 우리가 한국 남녀 학생들을 우리 학교에서 가르쳐 지도자로 삼지 않는다면, 그들이 일본의 공립학교에서 교육받는 것을 보지 않으면 안 될 것입니다. 일본인들의 한국인에 대한 교육 목적은 일본 천황을 열광적으로 신봉하는, 황국신민皇國臣民으로 길러내는 일입니다. 오늘날 우리가 한국에서 할 수 있는 최대의 봉사는 자녀들이 기독교 학교에서 교육받을 수 있는 특권을 부여하는 일입니다.

인돈은 이제 교육을 담당하는 행정가로 선교회에서 입지를 굳혀 가고 있는 때였다. 그의 교육철학은 그의 부인 인사례에게도 전이되고 있었다.

……이 여학교가 커지고 시설을 갖추면 이곳(광주)은 우리 전 선교활동의 중심적인 고등학교가 될 것입니다. 이 학교의 목적은 앞으로 태어날 기독교 2세의 어머니가 될 여성들을 교육하기 위한 것입니다. 교회와 국가 복지에 기독교 가정들이 얼마나 중요한지 강조할 필요가 없습니다.

한국에서도 결혼하기 전 일, 이년 동안 우리 기독교 학교에서 공부하기 위해서 이런 여성들을 위한 학교가 필요하다는 것을 인정하고 있습니다. 일본이 정말로 한국 사람을 일본인으로 기르고 싶다면 그들은 일본인 어머니를 가정에 들여보내야 합니다.

마찬가지로 우리가 정말 한국에 기독교 가정을 원한다면 기독교인으로 교육을 받은 여성을 가정으로 보내야 합니다. 또한 기독교인 어머니를 만들어 가정에 보내는 일 뿐 아니라 초등학교의 교육을 담당할 여성들을 양성해야 합니다. 어린 학생들을 여성이 가르칠 시대는 급속히 다가오고 있습니다. 따라서 우리가 미래의 교사들을 기독교적인 분위기에서 길러낸다면, 이는 간접적으로 그들이 가르치는 남녀 학생들의 삶에 영향을 주는 것이 될 것입니다.……

수피아 여학교는 지정학교 인가를 받기 위해 노력하는 신흥학교와 라이벌인 학교였다. 그러나 인돈 부부의 생각은 남자 못지않게 여성교육이 중요하다는 것을 강조하고 있었다. 그들은 평생 이런 교육철학으로 학교를 이끌었다.

chapter 7

전주신흥학교

군산에서 영명학교 교장으로 5년간 일해 왔던 인돈은 한국 선교부에서 점차 교육을 담당할 지도자로 인정을 받게 되었다. 따라서 그는 1926년 초가을 선교부의 명을 받아 남학생 교육의 중심이 될 전주로 전임하게 되었다.

광주가 여학생 교육의 중심지면 전주의 신흥학교는 남자 고등보통학교로 터를 잡게 할 학교였다. 인돈을 존경하는 군산 영명학교의 선생들이나 학생들이 그의 전출을 반대했지만, 선교부 결정이었으므로 어쩔 수 없었다. 그러나 한국 선교부가 남장로교 기독교 교육의 본거지를 만들고자 하는 전주신흥학교에 그를 기용하는 것은 당연한 처사였다.

신흥학교는 1900년에 세워져 1907년에 초대교장 유서백, 1911년에 2대 교장 이눌서 그리고 1913년에는 3대 교장 여부솔이 취임해서 교육 활동이 활발한 곳이었다. 그곳에 인돈은 1926년 초에 얻은 셋째 아들 휴(Hugh Linton)까지 세 아들을 수레에 싣고 이사한 것이다.

숙소로는 최의덕 선교사가 나이가 많아 은퇴해서[7] 마침 비어 있던 그의 집에 짐을 풀 수 있었다. 인돈은 얼마 동안 신흥학교에서 여부솔과 함께 동사同事 교장 역할을 했으나 그해 여부솔이 안식년으로 귀국하자 바로 임시 교장직을 맡아 영어 입문과 구약사舊約史를 가르쳤다.

인돈은 바로 신흥학교를 총독부 '지정학교'로 인가 받기 위한 기초작업을 하기 시작했다. 3 · 1운동 이후 일본은 소위 문화정치를 표방하고 1922년 '제2차 조선교육령'을 발표한 뒤 이어 1923년에는 지정학교라는 제도를 만들어 일본과 동일한 시설, 교사진, 교육과정을 맞출 수 없는 학교는 국가가 인정하는 고등보통학교[8]의 자격을 인정할 수 없다고 하였다.

지정학교가 되야만 졸업생이 누릴 수 있는 모든 특혜가 주어졌었다. 한국 선교부는 산하 5개 선교회에 10개의 학교를 가지고 있었는데 재정적 능력이 없었으므로 진통 끝에 하나의 남학교와 하나의 여학교를 택하여 지정학교로 중점 육성하기로 하고 남학교는 전주의 신흥학교, 여학교는 광주의 수피아 학교를

7) 1925년 심장병 악화로 귀국

8) 보통학교 6년을 졸업하고 들어가는 5년제 학교

선택하여 육성키로 한 상태였다. 그렇게 되어 인돈은 전주의 책임자로 임명을 받게 되었다.

사실 일제가 요구한 이 엄한 규정의 핵심은 한국 교육의 질적 향상 차원에 있는 것이 아니었다. 엄한 규정으로 사립학교가 지정학교가 되는 것을 억제하고 반면 관 · 공립학교의 혜택을 늘려 기독교 학교와 차별화함으로써 자연스럽게 학생들을 관 · 공립학교로 유인하여 한국에 있는 가시 같은 기독교 학교를 고사시키려 하고 있었던 것이다. 이렇게 해서 한국 학생들이 관 · 공립학교에 들어가 일제의 황국신민이 되게 하려는 데 참 의도가 있었다.

임시 교장을 맡은 인돈은 새로 부임한 학교에서 자기의 사명을 다 하기 위해 학교 안팎에서 총력을 기울였다. 안에서는 우선 교사들이 학생들을 충실하게 가르쳐야 할 것을 강조했다. 지정학교를 위한 총독부의 요구조건은 시설, 건물뿐 아니라 우수한 교사의 확보 등이었다. 먼저 교사의 질을 위해 수업시간 엄수를 강조했다. 수업 시작종이 울렸는데도 잡담을 하고 교실로 들어가지 않는 선생이 많았다.

또 끝 종이 치기 전에 교실에서 나오는 선생도 많았다. 그는 말로 꾸중하지 않고 행동으로 보여 주었다. 한 번은 수업을 끝마치는 시간이 다 되기 전에 교실에서 나오는 선생을 만났다.

그 때 인돈은 아무 말도 하지 않았지만 자신의 시계를 끌러서 그것을 그 선생 앞에서 쳐다보고 있었다. "내가 그리스도를 본받는 자가 된 것 같이 너희는 나를 본받는 자가 되라(고전 11:1)."는 말씀을 실천하고 있었던 것이다. 이 뒤로 이 한국인 선생은 다시는 끝 종이 치기 전에 수업을 마치고 나오는 일이 없었다고 한다.

인돈은 대내적으로 교사들의 질적인 향상을 도모했을 뿐만 아니라 대외적으로는 계속적인 학교 시설 확장을 위한 모금의 필요성을 한국의 실정과 함께 미국에 있는 후원자들에게 호소하였다. 이 호소는 1927년 3월 8일 테네시 내슈빌의 선교본부에 보낸 편지에 잘 나타나 있다.

> ……오늘날 한국에서 우리 선교사들이 힘을 쏟아야 할 부분은 교육입니다. 복음을 전하는 선교사들이 요즘 더욱 실감하는 것은 한국인 기독교 지도자와 협력자를 훈련하는 데 많은 시간을 써야 한다는 것입니다. 앞으로 몇 년간 우리의 선교사역은 기독교 가정에서 자란 어린애들에게 기독교 교육을 하고, 그렇게 철저히 훈련받은 사람들이 성장해서 한국 교회의 책임을 맡도록 하는 일입니다.
>
> 우리가 기독교 교육을 논할 때 확신하는 것은, 교육이 기

독교적이기 위해서는 먼저 가르치는 교사가 현명하고 활동적인 기독인이어야 한다는 것입니다. 둘째는 재학생 대부분이 기독교 가정에서 자란 자녀들이어야 합니다. 셋째는 모든 교과목을 온 우주의 창조자는 하나님 아버지와 우리 주 예수 그리스도라는 사실을 깨달을 수 있는 방향으로 가르치지 않으면 안 된다는 것입니다. (중략)

이런 처지에서 우리의 당면한 문제이며 우리 학교의 존망이 걸린 문제는 행정당국에서 '지정학교 인가'를 받는 일입니다. 이 인가를 위해 우리 사립학교는 먼저 시설이 그 기준에 이르러야 하고, 교사들의 자격이 공립학교와 같거나 더 높아야 하고, 사립학교 졸업생의 성적이 공립학교와 같거나 더 나아야 합니다.

'인가'를 받지 못한 사립학교의 졸업생들은 취직을 하거나 교사직을 갖거나 전문학교 입학시험을 치룰 수가 없습니다. 그러기 위해서는 국가에서 인정한 공립학교를 졸업해야 합니다. 이제 '인가'를 받지 못한 우리네 기독교학교가 어떤 입장에 있는지 아시겠지요. 그들은 비록 성적이 우수하고 뛰어난 수업을 받았다 할지라도 '인가' 받지 못한 학교를 졸업했기 때문에 이런 불이익을 받아야 합니다.

이런 교육정책의 결과는 어떻습니까? 우리가 운영한 보통학교(소학교)의 어린이들은 차고 넘칩니다. 왜냐하면 나라에서 세운 학교가 적령기 아이들을 다 수용할 만큼 많지 않기 때문입니다. 보통학교에서 우리가 가르친 학생들이 우리 고등보통학교에 들어옵니까? 아닙니다. 불이익이 따르는 우리네 학교에는 국가에서 인정받은 공립학교에 들어갈 수 있을 때까지만 임시로 다니고 있을 뿐입니다.

그뿐 아니라 더 큰 문제는 이렇게 기독교 교육을 받은 보통학교학생들은 다른 아이들보다 더 쉽게 일본인이 경영하는 고등보통학교로 들어가게 된다는 사실입니다. 이유는 이들이 더 깨어 있으며, 세계에 대해서 불신자들보다 훨씬 잘 알기 때문입니다.

이와 같이 학년이 올라갈수록 기독교 가정에서 자라 기독교 지도자가 될 수 있는 영리하고 뛰어난 학생들은 일본의 공립학교에 빼앗기게 되고, 학력이 떨어지고 기독교 가정에서 자라지 못했으며 관 · 공립학교에 갈 수 없는 학생들만 우리 고등보통학교(인가를 받지 못한 4년제 학교)에 남게 됩니다. 결과적으로 우리의 주된 교육목표는 패배한 것입니다. 즉 우리는 기독교 가정에서 자란 영리한 학생들을 유치하지 못하고 한국교회의 장래를 이끌어갈 책임 있고 훈련된 지도자를 준비하지 못하게 됩니다.

이런 교육의 긴급한 상황을 인식하고, 또 한국 교회 내에 교육받은 기독교 지도자가 얼마나 절실히 필요한가를 감안

해서, 우리 한국 선교부는 백방으로 힘을 다하여 이 전주의 남학교가 곧 '지정학교'가 되도록 노력하고 있습니다. 학교의 시설을 갖추기 위해 7만 불의 모금 운동에 모든 노력을 경주하고 있습니다. 이 중 5만 불은 내년 중에 있을 '지정학교' 신청에 필요한 학교 시설을 확충하는 데 필요하므로 꼭 확보해야 할 돈입니다. 나머지 2만 불은 공사대금과 추가 시설비입니다. ……(중략)

우리는 이번 봄에 꼭 건물을 짓기 시작해야 합니다. 그러나 돈이 더 들어오지 않으면 우리는 건축을 시작할 수 없습니다. 오늘날 우리 선교사업의 절실한 필요는 한국 교회들이 지도자를 가질 수 있도록 기독교 남학교를 세우는 일입니다. '믿음 위에 굳게 선 지도자'는 '마지막 날'까지 든든히 설 것입니다.

이런 호소문을 내고 바로 같은 해 6월에 본관 건축 기공식을 하였다. 인돈이 1927년 3월 8일 신흥학교 구본과 기공식을 하고 건물을 건축 중인 그 해 12월 4일 넷째 아들 **인도아**를 갖게 되었다. 그런 와중에도 인돈은 건축 감독을 하면서 크리스마스 휴가 때는 500명이 넘는 성도들의 사경회를 하고 마가복음으로 그들을 지도했다.

이듬해 1928년 6월 20일 본관 리차드슨 홀은 완공되었다. 우선 '지정학교'의 학교 시설의 일부를 갖춘 것이다. 그는 이 건물을 완공하고 6월 29일 온 가족과 함께 두 번째 안식년을 떠났다. 이때도 그는 이 기간 동안 교육사역자로서의 훈련 뿐 아니라 복음을 전하는 선교사(Evangelist)로써 자격을 갖추어야 하겠다는 결심을 굳히고 있었다. 그는 늘 미리 준비하는 선교사였다.

인돈은 이번 기회에 신학 교육을 받기로 했다. 동시에 그는 아내 인사례를 기쁘게 할 뿐 아니라 네 아이의 아버지 노릇도 해야 하는 처지였다. 그가 전주를 출발하여 고향 조지아 주의 애틀랜타에 도착하자 고모 칼은 인돈을 맞아 함께 지낼 수 있다는 기쁨에 들떠서 한셀(S. Hansell)에 세놓았던 집의 사람들을

인돈 부부와 네 아들들

내보내고, 집에 새 가구를 들여놓았다.

요리사까지 고용해서 조카네 식구들이 아무 어려움 없이 자기네와 편히 쉴 수 있게 해 놓고 기다리고 있었다. 인사례에게는 그보다 더 좋은 일이 없었다. 결혼해서 10개월 만에 낳은 큰 아들, 12개월 만에 낳은 둘째, 또 각각 22개월 만에 낳은 세째와 넷째 아이들을 데리고 살려면 이런 집과 가정부가 필요했던 것이다. 한편 인돈은 다시 고모를 실망시켰다.

자기는 신학교를 가야 하기 때문에 집에서 쉴 수 없다는 것이었다. 그는 또 선교본부의 허락을 받아 안식 기간을 2년으로 연장 받고 콜롬비아 신학교의 신학 석사과정에 들어갔다. 그는 신학 교육을 받지 않고 성경을 가르친다는 것은 하나님께 불경한 짓이라고 생각했다. 전주에 있을 때 학교 일 이외에도 예배를 인도하였고, 크리스마스 뒤 휴가 동안에 500명이 넘는 사람들을 데리고 사경회를 인도하기도 했었다. 그는 아버지와 남편과 조카로서의 평화로운 삶보다 하나님의 일을 먼저 생각하고 있었다.

칼 고모에게는 미안하다는 말을 몇 번이나 하고 꼭 공부하는 틈틈이 들려 고모와 가족들을 만나겠다고 약속했다. 콜롬비아 신학교에서는 벌써 두 사람의 선교사가 학위 과정 중에 있었으므로 인돈에게는 여러 가지로 잘된 일이었다. 그는 헬라어와 히브리어 입문을 택해 젊은 학생들과 함께 경쟁하느라, 아침 일찍부터 저녁 늦게까지 공부에만 열중했다. 37세의 만학이었다.

애들이 아프거나 하는 특별한 일이 있을 때를 제외하고는 6주마다 한 번씩 애틀랜타 가족을 찾았다. 그의 아내는 애들을 보살피느라 지칠 정도였다. 여름에는 학점을 더 받기 위해 여름학기까지 했고, 그 덕에 그는 2년 과정을 성공적으로 마쳤다. 첫 번째 안식년 때 뉴욕에 있는 화이트 성경학교에서 미리 공부를 해둔 것이 큰 도움이 되었다.

공부하는 동안에도 그는 후원자들이 한국의 '지정학교 제도'를 잘 모르는 것 같아 그해(1928) 11월 다시 '장로교회 회보'[9]에 다음과 같이 〈우리 한국의 교육상황〉이라는 제목으로 글을 발표하여 한국의 '지정학교 제도'를 자세히 설명하고 전주의 신흥학교가 반드시 지정학교가 되어야 하는 당위성을 역설하였다. 그는 공부를 하면서도 동시에 한국의 학교를 걱정하고 있었다.

> 한국의 모든 학교는 두 종류로 분류되는데 하나는 '인가 받은 학교'요 다른 하나는 '인가 받지 못한 학교'입니다.(중략)
>
> 광주의 윈스보로우 홀[10]은 최초로 정부에서 적절한 시설을 했다고 인정해준 건물입니다. 이제 남은 일은 '지정학교'로 인정을 받기 위해 능력있는 선생을 확보하는 일입니다.

9) The Presbyterian Survey, 1928. 11

10) 미국의 남장로교 여전도회에서 1927년 헌금 보조로 광주의 수피아 여학교에 세운 건물

이를 위해서는 세출예산의 증가가 필수적입니다. 그런데 광주의 여학교처럼 전주의 남학교(신흥)는 그런 행운을 갖지 못했습니다. 리차드슨 홀이라는 아름다운 건물은 세워졌으나 5,000불에 해당하는 난방 장비와 다시 5,000불에 해당하는 기타 시설비는 채워지지 않고 있습니다. 그 밖에도 광주의 여학교처럼 좋은 선생을 초빙하기 위한 운영비가 인상되어야 합니다. 학교에는 지금까지 기대하지 못했던 똑똑한 학생들이 많이 있습니다.

만일 이 학교가 시설미비로 지정학교가 되지 못한다면 한국 교회의 훌륭한 남학생들은 기독교 교육을 받지 못하게 되며 그럴경우 그들은 할 수 없이 물질지상주의의 일본 공립학교에 가지 않으면 안 될 것입니다.……

미국 신학교에서 학위과정에 있는 동안에도 그는 한국에서 실업교육의 중요성을 강조하기도 했다. 사실 선교부에서 경영하는 학교에서는 일찍부터 어려운 학생들을 위해 실업교육을 하고 있었다. 예를 들어 군산은 가마니 짜기, 전주는 트럭 농사, 광주는 도배, 목포는 바느질하기 등이었다.

그런데 인돈은 전주로 온 지 일 년 만에(1927년) 신흥학교에 2년제 공업과를 설립해서 이보린을 주임으로 목공과 철공을 아울러 가르치게 했다. 사실 그는 조지아 공대의 실험동實驗棟에서 실습하던 내용을 그대로 재현하고 있었다. 그러면서 안식년 일년째에 '장로교 회보[11]'에 〈한국 남자학교: 실업교육의 현장〉이라는 제목으로 그가 전주신흥학교에서 실천해 오던 내용을 이론적으로 정리한 글을 실었다. 그 내용의 요지는 다음과 같다.

> 기독교 학교의 교육은 기독교 지도자를 양성하는 것인데 국가의 인정을 받지 못하고 있는 선교부가 운영하는 고등보통학교에는 훌륭한 학생이 남아 있지 않고 국가에서 운영하는 고등보통학교로 전학가는데 그곳에는 기독교인 교사가 없다. 따라서 현실에 맞게 교육정책을 바꾸어야 한다. 그 중 하나는 실업학교 교육을 강화하는 일이다. 경험에 의

1927년, 인돈은 세 아들들에게 지게지고 일하는 것을 가르쳤다고 함

11) The Presbyterian Survey, 1929. 6

하면 기독교 가정에서 태어난 유능한 인재들은 대부분 가정이 가난하다. 따라서 다음과 같은 실업교육의 목표를 세워야 한다.

첫째는, 기독교 가정에서 태어난 자질이 뛰어난 학생은 학교 다니는 동안은 근로 장학생으로 일감을 주어 장차 목사, 사회 봉사자, 교사 및 의사로 양성해서 지도자가 되도록 적극 돕는다.

둘째는, 학교에 남아 있지만 재능이 뛰어나지 못한 학생은 목수, 농기구 제작자, 양복 재단사나 재봉사, 또는 상업 기술들을 익혀 기술자로 양성하여 고향에 돌아가면 이런 기술로 공동체에 기여하게 한다.

셋째는, 미션 학교에 온 모든 학생들은 장차 어떤 방면으로 진출하든 반드시 몇 가지 공예과목의 기술을 습득하고 공구를 사용하는 법을 배워, 졸업 후 어떤 분야에서 일을 한다 할지라도 물질적 삶의 가치와 열심히 일하는 가치와 현대인에게 필요한 많은 다른 가치를 배우게 한다.

이렇게 하여 미션계 학교에서는 일찍부터 인돈의 주장에 따라 근로장학생 제도가 도입되고 그 혜택을 받아 공부하는 학생이 많아졌고 필요한 기술을 익혀 사회로 나가는 사람이 많아졌다.

chapter 8

영광을 주님께 지정학교 획득

인돈이 공업과를 만들고 실업교육을 강조해서 신흥학교에는 근로장학생 제도가 잘 정착 되어 있었다. 〈신흥학교총동문회, 신흥 110년〉의 모교 소개에서 밝히고 있는 것을 발췌해 보면 다음과 같다.

> 신흥학교에는 기독교 가정이나 생활이 어려운 가정의 자녀들이 주로 입학하였다. 더구나 충청남도나 전라남도와 같은 타도에서 기독교 교육을 받으러 온 학생들에게는 학비와 생활비가 동시에 필요했으므로 그만큼 부담이 컸다. 이와 같이 어려운 학생들의 처지를 생각하여 학교에서는 학생들이 학비를 벌 수 있는 일자리를 마련해 주었다.
>
> 학교뿐만 아니라 선교사들도 학생들이 학비를 벌 수 있는 일자리를 마련해 주었다. 그러한 일자리들을 대강 열거

해보면 교내의 일로서는 매점, 변소청소, 강당청소, 기숙사의 식량관리, 교내 공장에서 일하기 등이 있었으며, 선교사들의 집에 가서는 장작패기, 물 긷기, 등사, 전도지 배부 등의 일을 하였다.

1931년에서 1936년까지 재학했던 지정학교 3회 장평태 씨는 당시의 학생들의 근로활동을 다음과 같이 말한다.

'현 강당자리에 철공장과 목공장이 있었는데 여기에서 1~2시간 일해서 학비를 벌었다. 학교 내의 근로장학생으로는 매점, 본관 바닥 청소, 변소청소 등이 있었는데 학비 감면 특대생이 1명뿐이어서 대부분 학생들은 이러한 근로활동으로 학비를 마련하였다. 또한 선교사 집에서 아르바이트를 할 경우 5원 50전을 주었는데 수업료는 월 1원 50전이었고, 시골에서 전주로와 학교를 다닐 경우 월 10원 정도의 학비가 소요되었다. 당시 신흥학교 학생들은 3분의 1정도만이 자기 집에서 돈을 가지고 와서 공부를 하였고, 나머지 학생들은 아르바이트를 해서 학비를 마련하였다.

나의 경우는 3형제가 신흥학교를 다녔는데 셋 다 아르바이트를 했고, 부족한 금액만 집에서 부쳐왔다. 비록 가난했지만 아르바이트로 어렵게 공부한 학생들은 반수 이상이 전문학교에 진학했다. 그 이유는 일본에서 고학으로 대학을 마친 교사들이 일본에서 고학했을 때의 이야기를 자주 들려주었고, 이미 신흥학교 재학 시부터 아르바이트에 익숙한 학생들이라 고학에 자신을 가졌기 때문이었다.

학교 매점에서 일하던 김상진 씨는 당시 합격하기 어려웠던 세브란스 의전에 입학하였으며, 전 거창고등학교 교장이었던 전영창씨는 재학시절 변소청소를 하여 학비를 조달하였다.'

한 가지 재미있는 이야기가 있다. 공장에서 비누와 양초를 만드는 것이 경제성이 없어지자 이 일을 중단하고 수공생手工生들에게 다른 일자리가 주어졌는데 그것은 방과 후에 기숙사에서 일을 하거나 학교 뒤 담장 너머에 있는 큰 밭을 매게 하는 일이었다고 한다. 학교에서는 수공생들이 딸기밭을 맬 때 입으로 휘파람을 불면서 매라고 했다고 한다. 그 이유는 밭을 매면서 딸기를 따먹는 것을 방지하기 위해서였다. 그러나 그들은 서로 교대로 휘파람을 불면서 딸기를 따먹곤 했다는 것이다.

인돈은 이렇게 근로 장학제도 등을 통해 실용적인 기독교 지도자를 양성하며 지정학교의 획득을 위해 노력하다 안식년으로 2년 동안이나 학교를 떠나 있었다. 그러나 안식년이 끝나갈 무렵에는 빨리 한국으로 돌아가고 싶어졌다. 두고 온 전주신흥

남학교의 지정학교 인가 문제 등이 빨리 한국으로 돌아가고 싶다는 초초한 생각을 부채질했다. 사실 이 안식년 2년 동안은 한국 사역을 위한 충전의 기간이었다.

이제는 한국 선교를 더 효과적으로 하기 위해 포-드 자동차도 한 대 구입했다. 토머스빌 교회에서 특수목회를 위해 목사안수까지 받은 인돈은 1930년 5월 12일, 새 포-드 자동차에 짐을 싣고 아이들과 함께 애틀랜타의 집을 출발하여 3,500마일을 달려 캐나다의 밴쿠버까지 갔다. 거기서 엠프리스(Empress of Canada)호에 승선한 인돈은 배안에서 흔들리는 작은 포-드 자동차를 보면서 태평양을 건널 땐 가슴마저 설레었다. 일본의 고배에 도착해서 기차로 일본을 여행한 후, 페리를 타고 한국에 왔다. 6월 29일 바로 2년 전에 떠났던 날에, 떠났던 곳인 전주에 도착한 것이다.

지리산에서, 좌로부터 인돈 부부, 구래인 부부

그는 7월 4일 한국 선교부 연차대회를 위해 거의 모든 선교사가 모인 지리산 그래함 캠프로 갔다. 회의가 끝난 후, 여독을 풀기 위해 산수가 수려한 그곳에서 8월 말까지 쉬었다. 장로교 소속 선교사 말고도 다른 선교사들을 합해서 100여 명 가량과 함께 지냈다. 그는 선후배 선교사들의 말을 경청하는 것을 좋아했다.

전주에 오자 그동안 안식년을 마치고 귀국하여 신흥학교 교장을 맡고 있던 여부솔이 자녀들 문제로 귀국해야 하겠기에 결국 그가 신흥학교 교장[12]직을 정식으로 맡게 되었다. 한국에서 기독교 교육에 심혈을 기울이기로 결심했지만 그것은 그에게 벅찬 짐이었다. 그 때 신흥학교에는 고등보통학교에 220명, 보통학교에 240여 명의 학생들이 있었다.

아들 넷에 시달려온 그였지만 500명이 넘는 남자들을 가족으로 맞는다는 것은 보통 일이 아니었다. 그런 가운데 그는 일곱 개의 시골 교회까지 순회하면서 설교해야 했다. 그러나 그것이 그가 정식 목사로서 순회예배를 맞는 첫 경험이어서 흥분되었다. 인사례도 선교활동을 계속하면서 자기 집안에서 자신의 네 아들과 이웃에 사는 보이열 선교사의 딸 캐서린을 합해 다섯 사람을 가르치면서 자기는 소학교와 유치원을 통합한 학교의, 말하자면 교장 겸 교사라고 자랑하였다.

인돈은 한국으로 돌아와서 모처럼 후원자들에게 편지를 썼

12) 1930년 9월 19일 신흥학교 제 4대 교장으로 취임

다. 추석 풍경을 잘 묘사한 글이었다.

본국에 있는 동안 많은 후원자 여러분들을 만날 수 있었던 것이 큰 즐거움이었습니다. 더 자주 편지를 써야겠다는 생각을 하며 한국으로 왔습니다. 이제 여러분도 더 자주 편지해 주시기를 바랍니다. 그것은 우리에게 얼마나 귀한 것인지 모릅니다.…… 오늘은 한국의 추석 명절입니다. 아이들은 새 옷을 입고 들녘을 뛰어 다닙니다. 한국인들은 이날 추수를 축하하고 조상들에게 제물을 바칩니다.

그리고 밤이고 낮이고 고운 옷을 입고 아이들까지 모여 노는 모습을 볼 수 있습니다. 한국의 가을 날씨는 무척 아름답습니다. 어느 곳을 바라보나 벼는 누렇게 익어 있어서 어느 해보다도 풍족한 풍년을 약속하고 있습니다. 그러나 이 나라도 세계의 공황을 예리하게 느끼게 하고 있습니다. 2년 전 우리가 떠날 때보다 더 많은 거지들이 곳곳을 떠돌고 있습니다. 정작 그들이 먹을 쌀은 일본에 빼앗기고 또 살 돈이 없어서 굶주려가는 모습이 안타깝습니다. ……

1931년 6월에 제25회 전북노회가 열리자 인돈은 그곳에 가서 지정학교의 진행 상황을 설명해야 했다. 지정학교의 필요성을 벌써부터 알고 있던 전북노회는 2년 전부터 신흥학교는 지정학교가 될 것이라는 가정하에 고등보통학교를 4년제에서 5년제로 바꾸었으며 신청을 계속 준비 중이었다.

1931년에는 지정학교 기성회를 조직하여 노회의 이사 회원들이 기성회원이 되고 또 각 교인에게 조선 총독에게 제출하는 진정서를 작성하여 서명하게 하고 이에 서명한 사람들은 자동 후원회원이 되도록 하였다. 청원서를 총독부 학무국에 제출했는데 다행히 담당자가 기독교인이었기에 매우 친절했다. 인돈은 4월에 학기가 시작되면서부터 지정학교승인 요건대로 학급을 늘리고 자격을 갖춘 교사를 더 채용하였다.

지정학교의 인가를 받으려면 학생들이 학무국에서 출제한 시험을 치러서 학생들의 수준이 일본이 인정하는 고등보통학교의 학생과 같다는 것을 보여 주어야 했기 때문이었다. 이렇게 철저히 준비하면서 학교 인가 작업이 구체화될 거라는 기대를 했으나 이 모든 것은 운영 자금에 의존한다는 사실이 문제였다. 더욱이 당시 선교부의 해외 선교 예산이 감소된 상황이어서 그 문제는 더 심각했다.

미국도 1930년의 대공황을 맞아 미국 해외 선교 위원회는 해외 선교부의 사역 충당금을 33%나 줄여서 1931년을 '예산 삭감의 해'로 정하고 있는 처지였다. 본국에서는 추가적인 인원 배치도 없었다. 이런 예산으로는 사립학교를 운영할 수 없을뿐더러 더 나은 학교를 위해서 아무 것도 할 수 없었다. 수년 동안

쏟아온 온갖 노력이 허사가 될 판국이었다. 인돈에게 닥친 시련의 시간들은 인사례 여사가 헛슨 테일러의 '하나님을 믿은 사람[13]'의 내용을 인돈에게 소개하며 위로 했다는 데서 엿볼 수 있다.

인사례 여사가 읽었던 책

인돈은 이 어려운 기간의 학교 상황을 '장로교 회보[14]'에 〈전주 중점 남자 고등보통학교의 약사〉라는 제목으로 다음과 같은 글을 또 써서 후원자들에게 호소했다. 초인적인 활동이었다.

> 전주에서의 선교활동은 1896년경에 시작되었습니다. 1900년에 기독교 젊은이들을 교육하기 위한 최초의 시도가 있었는데, 그것은 한문을 배우는 단순한 서당과 같은 것이었습니다. 현재 한 지도급 인사로 활동하고 있는 김창국 씨가 그런 학교에 다녔습니다.
>
> 1904년 하위렴 목사가 다소간 현대적인 교육을 하겠다는 생각으로 지금 우리가 하고 있는 학교를 시작했습니다. 그

---

13) 테일러가 자신을 둘러싼 육체적인, 영적인 고난의 한 가운데에서 하나님을 의지하고 승리한 체험을 쓴 책

14) The Presbyterian Survey, 1931, 10

는 다른 곳에서 교육을 받은 두 한국인 선생을 썼습니다. 처음 시작할 때는 학생이 10명이었습니다. 학교는 시작부터 성공적이었으며 2년만에 흙을 발라서 만든 건물을 지어 교실로 썼고, 학생 수는 50명에 달하게 되었습니다.

1908년이 되자 다섯 학년으로 늘어났고 유서백 선교사가 전임으로 학교를 맡게 되었습니다. 당시까지만 해도 학교는 어린 학생들이 다니는 곳이 아니라, 농사일을 하다가 남자들이 덤으로 다니는 곳이었습니다. 그래서 이런 학교를 '개명한 학교, The New Dawn School'라고 불렀습니다. 이 학교는 서당과는 달리 새로운 길을 열어주는 서양학교라는 뜻입니다. 이 학교를 다닌 많은 젊은이들이 지금은 목사로, 장로로, 집사로 또 다른 교회 일꾼으로 일하고 있는 것을 보면 놀랄 것입니다.~(생략)

이렇게 시작한 그의 글은 교사진, 학생회, 한국 젊은이들의 당면한 문제, 이런 소제목으로 나누어 쓰고 있는데 8명의 정규교사와 한명의 목사로 구성된 교사진은 다 세례교인이며 학교와 교회를 위해 헌신적으로 일하며 완전한 교사 자격을 가진 사람들이라고 자부하는 글을 쓰고 있다. 또 250명에 가까운 고등보통학교 학생들이 조직한 학생회는 YMCA 활동을 열심히 하며 감사하게도 대다수가 목사와 장로들의 자녀라고 설명했다.

그리고 주일 오후 교회학교를 운영하며, 성경공부를 하고 거지들을 찾아 돕는 선한 일을 하고 있다고 학생회를 칭찬하고 있다. 또한 현재 한국 젊은이들의 당면한 문제는 급격하게 변해가는 관습의 변화에 적응하지 못하며 가난을 벗어나기 어렵기 때문에 사회주의 사상에 물들고 있다는 것도 지적하였다. 이런 혼란에서 벗어나기 위해서는 교육과 경제적인 자립이 필요한데 이 일을 위해서는 직장을 갖고 진학할 수 있는 지정학교로 이 고등보통학교가 되어야 한다고 조목조목 이유를 들어 설명했다. 드디어 1932년 2월에는 모든 학생이 학무국이 출제한 시험에 응시해서 인정을 받게 되었다.

1933년 6월 1일은 전주신흥고등보통학교의 축제의 날이었다. 4월 13일에 지정학교 인가를 받고 이날은 그것을 축하하는 행사를 하는 날이었기 때문이다. 1930년부터 1935년은 선교사상 정치적으로 또 경제적으로 가장 어려운 시기였다. 그 사이에 지정학교가 되었다는 것은 하나님의 도우심이라고 생각할 수밖에 없었다.

1929년 11월 3일의 광주학생항일운동은 3·1절 이후 최대 규모의 항일운동이었다. 일본은 이에 무차별 대응할 뿐 아니라 해가 갈수록 일제의 군국주의 정책이 노골화되었다. 중국에 유화정책을 쓰던 하마구치(濱口 雄幸) 총리가 일본의 우파 청년에게 도쿄 역에서 1930년 11월에 총격으로 사망하자 일본 정국은 노골적으로 만주 침략의 마수를 드러냈다. 1931년 만주사변, 1932년 상해사변 등으로 만주에 대한 야욕을 키우고 있던 상태에서 한국인의 반발도 적지 않았다.

1932년 1월 이봉창 의사의 일본 천황에 대한 수류탄 투척, 같은 해 4월, 윤봉길 의사의 중국 홍구 공원에서의 의거 등은 우리 한국 국민에게는 큰 자긍심을 가져 왔지만 동시에 일본의 탄압으로 적지 않은 사회의 불안 요소가 되고 있었다. 일본은 1933년 국제연맹 탈퇴를 해서라도 중국 침략의 야욕을 채울 셈이었다. 이런 상황에서 신흥학교가 지정학교로 되었다는 것은 인돈에게 감격적인 일이 아닐 수 없었다.

"비록 일제가 기독교 학교를 말살하려 해도 우리는 인내로 모든 것을 극복하여 지정학교의 타이틀을 획득하고 그곳에서 충성스러운 기독교 지도자를 양성해야 한다. 목사를, 의사를, 교회 지도자를 양성하고, 실업교육으로 기술자를, 기능공을 양성하여 자기의 생계를 이어갈 뿐 아니라 사회에 기독교 신앙인으로서 기여 할 수 있는 사람을 기르는 일을 계속해야 한다."

이것이 인돈, 그의 확고한 신념이었다. 또한 이것이 무저항으로 일제를 이기는 길이기도 하였다.

신흥학교가 일본의 학무국이 인정하는 지정학교가 되었다는 것은 이제는 졸업생들이 자유롭게 사회에서 취직을 할 수도 있고 정정 당당히 진학할 수가 있게 되었다는 뜻이었다. 1934년 인가를 받은 후 첫 졸업생은 28명이었다. 그들 중 대부분은 진학했는데 두 사람은 의학 전문학교에 입학했고, 몇몇 사람은 신학교로 갔다. 미국인이 경영하는 신흥학교가 지정학교가 되었다는 소문과 함께 매년 학생이 증가하여 1933년에 199명이던 학생 수는 1936년에는 304명이 되었으며 지정 3회까지 총 94명의 졸업생을 배출 하였다.

신흥 110년 총동문회 모교소식지에 의하면 저명한 인사로 제1회 졸업생: 장평화, 유영대, 안용준[15] 제2회 졸업생: 서남동, 김현택[16] 등을 들고 있으며 제3회 졸업생: 전영창, 장병태[17] 등도 언급되고 있다. 또한 민족주의 사상을 가진 훌륭한 교사들이 많아 신흥고등보통학교 학생들은 5학년이 되면 주로 외국으로 수학여행을 갔다. 다른 고등보통학교 학생들은 수학여행을 일본으로 많이 갔었지만, 신흥학교 학생들은 모두 만주의 달리안大連, 또는 하얼빈奉天으로 갔다.

이 모든 것이 인돈 교장의 교육이념을 잘 대변하고 있다.

---

15) 장평화 –신흥학교 교장: 1946–1975, 유영대 –전북대학교 총장 역임, 안용준–〈사랑의 원자탄〉저자, 목사

16) 서남동 –민중 신학자, 교수, 김현택 –최초의 신흥인 김창국 목사의 아들, 전북대학교 체육 교수, 김현승 교수의 아우

17) 전영창 –거창고등학교 교장, 장병태 –미군정 시절 관제처 총무국장, 후에는 모교 교사

chapter 9

신사참배 거부와 남장로교 산하 10개 학교의 폐교

우리나라에 신사를 들여 온 것은 1918년부터였다. 1925년에는 서울 남산에다 조선신궁을 세웠고 그 후 전국 각지에 신사를 세웠다. 그래도 처음에는 우리 민족에게 신사참배를 강요하지 않았다. 그러나 1930년대에 들어와서 만주 침략을 계기로 하여 신사 참배의 문제는 점차 심각하게 기독교인들에게 닥쳐왔다. 만주를 손아귀에 넣고 다시 중국 침략을 내다보면서 일제는 소위 국민정신 통일을 신사참배에서 다져보려 했던 것이다.

이렇게 시작된 신사참배 문제가 한국 신앙의 못자리인 평양에서부터 터지기 시작했다. 1932년 평양 서기산瑞氣山에서의 춘계황령제春季皇靈祭[18]에 학교 학생들이 참여하도록 강요된 것이다. 이것은 교리 위반이라고 반대하는 학교 책임자들에게 당

18) 매년 3월 20일 일본 천황이 선조에게 제사를 지내는데 맞추어, 멀리서 절하는 제사의식

국은 제사 후 국민의례에만 참석해도 좋다고 교묘히 설득하여 숭실전문, 중학, 숭의여중교가 참석했다.

이렇게 첫 단계에 성공한 당국은 이 해에 전국 각급 학교에 신사참배 여행勵行을 명령했다. 문제가 중대함을 깨달은 교회는 같은 해 9월, 제21회 총회에서 기독교인으로서 신사에 참배할 수 없음을 당국에 교섭키로 했으나 그 교섭이 부진하였다.

더구나 교회에 신사 건축비 징수까지 요구하게 되자 총회에 헌의하였지만 1933년, 1934년 총회에서도 이 문제를 해결 하지 못했다. 일제는 직접 교회를 상대하지 않고 이제는 각 학교를 상대로 하였다. 즉 각 학교는 총독부 교육정책에 따라야 할 것을 말하면서 신사 참배를 반대하는 학생이 있으면 이름을 밝혀 제출하라고 했다. 이렇게 해서 이 문제는 교회가 아닌 학교 당국의 신앙양심에 맡겨지는 사태를 가져 왔다.

마침내 1935년 신사 참배 문제가 정면으로 대두 되었다. 이 문제를 처리하기 위하여 대만에서 전근한 일본인 평남 지사 야스다케安武直夫가 공사립학교 교장회의를 하면서 회의에 앞서 평양 신사참배를 요구했다. 그러나 이는 분명 영혼을 숭배하는 종교행위이기 때문에 할 수 없다며 숭실전문학교 교장이었던 윤산온(McCune, George S.)은 거부하였다. 그러자 일본당국은 그를 파면하고 미국으로 추방하였다.

그 후 숭실전문학교는 그해 11월 29일 폐교되었다. 처음에는 선교사들이 앞장서서 신사참배를 반대해 주어야 한다고 주장하던 한국 교회들도 학교가 폐쇄되는 이 강경한 태도를 보고 신사참배 문제는 개인의 신앙 양심에 맡겨야 하며, 학교는 당국의 지시에 따라야 한다고 주장하기도 하였다. 또한 신사참배 문제로 많은 기독교계 학교들이 폐쇄될 것을 우려한 불신자들도 학교만은 어떻게 해서든지 계속해야 한다고 충고하였다. 신사참배는 단순히 애국적인 행위로 경의를 표하는 정치적인 일이며 우상숭배가 아니라고 말하는 사람도 많아졌다. 천주교는 이런 입장을 취해서 신사 참배를 하였고, 감리교를 포함한 다른 교단들도 이는 각 학교 이사회가 결정할 문제라고 일보 후퇴하였다.

남장로교 선교부도 이제는 입장을 밝힐 때가 되었다. 따라서 같은 해인 1935년 11월에 선교회는 임시 위원회를 갖고 이 문제를 논의한 결과, 남장로교 산하 기독교 학교는 신사참배를 하지 않기로 단호히 결의하고 인돈 목사를 위원회의 위원장으로 선출하여 총 학생 4,787명의 선교회 산하 10개 학교는 신사참배를 강요할 경우 폐교를 불사하겠다는 결의문을 가지고 학무국과 협상하게 하였다. 그러나 큰 성과를 거두지 못하였다.

한편 이 문제는 본국 해외 선교위원회의 승인을 받아야 하므로 그곳 실행위원회 총무 풀턴(Fulton, C. Darby) 박사를 초빙하여 일본과 교섭하도록 요청하였다. 그는 일본 관서신학교를 설립한 풀턴(Fulton, S. P.) 박사의 아들로서 태어나고 자랐으므로 신사神社와 신도神道를 너무도 잘 알고 있는 사람이었다. 그가 오기까지 이 문제는 해결 없이 방황하고 있었다.

이런 불안한 상황 가운데도 인돈은 1936년 많은 일을 하였다. 연초에 300-400명이 모여 일일 사경회를 열었고, 1월말에는 그의 부인 인사례가 75명의 여전도회원들을 모아 일주일 동안 성경공부를 인도했으며, 2월에는 각 교회의 남자 집사, 장로들 180여 명이 성경학교에서 꼬박 한 달간 공부를 했다.

그러는 동안도 인돈은 새롭게 완공되어가는 대강당을 위해 마지막 마무리공사를 감독을 하고 있었다. 이 건물은 학생들의 집회와 체육행사뿐 아니라 흩어진 교회의 연합행사에도 쓸 수 있도록 하는 큰 건물이었다. 드디어 그해 3월에 인돈이 심혈을 기울여 모금하고 건축공사를 감독하던 대강당 공사가 완공되어 3월 5일 졸업식과 함께 헌당식을 가졌는데 이는 온 학교와 주변 교회가 함께 축하할 일이었다.

1936년은 다사다난한 긴 한 해였다. 동분서주 했으나 신사참배 문제를 해결하지 못하고 풀턴 박사의 내한만을 실낱같은 소망으로 기다리고 있었다. 그런 가운데도 가족에게는 기쁜 일도 있었다. 큰아들 빌리와 둘째 유진이 9월에는 평양의 외국인 학교에 입학했기 때문이었다. 처음으로 호남에서 평양까지 먼 곳으로 유학을 시킨 것이다.

홀로 유학까지 갈 수 있게 된 자녀들을 보는 것은 흐뭇한 일이었다. 이 학교 동문들이 1996년 가을에 128명이 모여 이들의 외할아버지인 배유지 목사 100주년 기념 사업회를 만들어 지금까지 북한을 돕고 있는 것은 그 때 그들이 평양 외국인 학교에 뿌리를 내렸기 때문이었다.

1937년의 교회가 신사참배 문제로 수난을 당하고 있을 때 한편으론 한국 교회의 성장을 바라보는 기쁨도 있었다. 4월 초 전북 노회 소속 80여 개 교회가 군산에서 모였는데 100명이 넘는 대표들이 내는 상회비는 해를 거듭할수록 많아지고 있었다. 선교부가 어려울 때는 미자립교회의 여전도사의 봉급도 노회가 스스로 주고 있었으며 그들은 해외선교비까지도 책정한 상태였다. 이것은 '자립선교', '자립정치'. '자립보급'의 네비우스 선교정책이 뿌리를 내린 결과였다.

당시 안식년으로 온 김순호 여선교사는 여성 회원 800명 정도 모인 군산의 사경회에 참석하여 중국에서 활약했던 선교활동 보고를 한 시간도 넘게 해서 환호의 박수를 받았다. 한국의 여성이 자국 여선교회에서 선교비를 받아 이제는 외국 선교에 중요한 역할을 할 수 있게 되었다는 것은 놀라운 일이었다.

그녀는 전년도 9월에 광주에서 있었던 제25회 장로회 총회에서도 선교보고를 해서 크게 칭찬을 받고, 이에 감격한 총대들이 앞으로는 매년 1월 셋째 주를 여전도주일로 정하기로 결의

한 바도 있었다. 이것은 한국에서도 여성의 위상이 그만큼 높아졌다는 뜻도 되었다. 안방에 갇혀 있던, 그리고 자기 이름도 갖지 못했던 여성들이 이렇듯 외국 선교사로 활동하게 되었다는 것은 참으로 놀라운 발전이었다. 나일강 위에 뿌린 씨앗처럼 헛되이 뿌린 것 같은 말씀의 씨앗이 이렇게 결실했다는 것이 인돈 내외에게는 너무 자랑스러웠다. 김순호 선교사의 선교보고가 끝난 뒤 많은 사람들이 한국에 나와 있는 미국 선교사들을 더 잘 이해하게 되었다는 말도 들었다.

그렇게 고대하던 풀턴이 드디어 1937년 2월 2일 신사참배 문제를 해결하기 위해 한국으로 왔다. 풀턴 박사가 미국 선교회의 전권을 받고 왔다는 것을 잘 아는 일본 당국은 그가 가는 곳마다 철저하게 감시했다. 그뿐 아니라 가는 곳마다 목사들, 학생

우측이 신흥학교 대강당

대표들, 졸업생들, 교사들, 학부모들은 학교가 폐교가 되지 않도록 그가 노력해 줄 것을 바라고 시위하고 있었다. 풀턴은 최선을 다 했지만 일본당국과의 협상이 성공하지 않자 한국 선교회 측의 결정을 적극 지지하고 폐교로 마음을 돌렸다.

그래서 2월 말에 열린 임시위원회에 선교회 정책보고서를 제출하였다. 그에 앞서 20인의 한국인이 이 모임에 참석하여 발언할 기회가 주어졌는데, 그들은 한결같이 폐교는 안 된다고 목소리를 높였다. 위원회가 열리고 있는 건물 밖에는 군중들이 모여 있었는데 그들 중에 폐교를 반대하는 극렬분자들의 테러가 있을 것을 염려하여 회의가 끝나자 풀턴은 전주역으로 가지 않고 자동차로 이리(익산)역을 통해 목포로 가서 곧바로 미국으로 출국하였다.

그의 강경한 주장은 '풀턴성명'이라는 이름으로 13개 항목에 걸쳐 천명되었다. 또한 그는 1937년도부터는 신입생을 받지 않도록 권고해서 실제 신흥고등보통학교에서는 신입생을 받지 않았다. 그리고 재학생에 대해서는 신사참배를 강요하지 않은 이상 계속 교육을 해 주겠다고 당국에 통고했다. 그래선지 얼마동안 신사참배는 강요하는 일이 없었다.

그런데 돌연 이해 9월에 다시 신사참배 강요가 시작되었다. 1937년 7월 7일 만주에서 중일전쟁이 발발하였다. 그 후 일본은 매월 6일[19]을 애국일로 정하고, 이 날을 기해 전국 학교로

19) 일본 천황이 중일전쟁의 칙서를 내린 날

하여금 신사참배를 실시하도록 지시하였다. 조선총독부는 이날 각 학교의 교사와 학생들로 하여금 중일전쟁에서 일본군의 승리를 기원하도록 해야 한다는 것이었다. 전라북도 도지사는 9월 4일 관내학교 교장들을 불러 9월 6일 애국일愛國日에는 전 학교가 신사참배를 해야 한다고 지시하였다. 물론 인돈은 신사참배는 안 된다고 전교생들에게 말했다. 이때 신흥, 기전의 폐교 정황은 〈전주신흥학교 총동문회 모교소식〉에 다음과 같이 묘사되어 있다.

> 이러한 신흥 · 기전학교의 신사참배 거부에 대해 일본 경찰은 1937년 9월 6일 오전에 학생들이 등교하자마자 전교생을 이끌고 다가산 위에 있는 일본 신사당으로 올라갔다. 이 때 이 같은 일경들의 강제 조치를 불허하는 인돈 교장에게 경찰들은 "학생들은 황국의 식민이다. 어찌 미국인인 당신이 학생들의 황국식민의 의무이행을 막을 수 있느냐?" 라고 다그치며 억지로 학생들을 끌고 갔다. 이를 지켜보던 인돈 교장은 뜨거운 눈물만 흘릴 뿐이었다. 신사 앞에 끌려간 학생들은 신사에 대한 경례의 구령이 떨어졌는데도 허리를 굽히지 않고 지켜만 보고 있었다.
>
> 일본 경찰이 다시 경례를 호령하자 신흥학교 학생들은 경례를 묵살하고 퇴장하였고 기전학교 학생들은 땅에 주저앉

아 울어버렸다. 이 때문에 신사참배는 엉망이 되었다. 이렇게 학생들은 신사참배를 거부하여 우상 앞에 절할 수 없다는 의지를 보였다.……〈중략〉…

폐교를 반대하는 학생이 있었는데도 당일에는 모두 신사참배를 반대한 것이다.

폐교 후 전라북도 학무당국과 협의하여 모든 학생들은 가까운 다른 학교로 전학시켰다. 신흥학교 학생들은 고창고등보통학교로, 기전학교 학생들은 전주여자고등보통학교로 편입되었다. 9월 22일 행해진 폐교식은 전교 학생과 전교 직원이 방성통곡하는 가운데 치러졌다. 신흥학교 고등과 학생들 246명 중 197명만 전학하게 되고 나머지 49명은 학자금 부족으로 배움의 길에서 탈락하고 말았다.

전학생들은 9월 22일부터 25일까지 4일간 버스를 전세내어 정든 학교 운동장을 뒤로하고 고창으로 떠났다. 매일 떠날 때마다 학교 운동장에서는 신흥학교의 교목인 김가진 목사와 서문밖교회의 담임 김세열 목사 및 교회의 장로와 집사, 학부형들의 눈물로 드리는 작별기도회가 있었다. 특히 '우리 다시 만나볼 동안, 하나님이 함께 계셔……'의 송별 찬송은 비참한 각오를 더하게 하였다.

인돈은 1937년 기전학교의 제4대 교장 공정순 선교사가 안식년으로 귀국하자 그해 6월 22일 기전학교의 교장을 겸임하게 되었다. 그래서 신흥과 기전 두 학교의 폐교청원서를 학무국에 제출한 뒤 비통한 심정으로 두 학교 건물의 문을 닫고 사무실 집기를 집으로 옮겼다. 학교가 폐교되어 아쉬운 지역 유지들은 어떻게 해서든지 신흥학교가 다시 학교를 계속 할 수 있기를 소망했다. 이러한 전주시민들의 소망에 부응해서 당시 전주의 유지였던 인창환印昌桓씨는 신흥학교와 기전학교의 부흥자금으로 당시로서는 거금인 십만 원을 선뜻 내놓았다고 1937년 9월 13일자 조선일보에 실렸다.

그러나 인돈은 선교회 산하의 학교는 기독교적인 기준에 의하여 운영하지 않는 단체에게는 양도하거나 빌려주지 않는다

1937년 신흥, 기전학교가 폐교된 뒤 전주 서문교회에 기념으로 바친 목조화분대. 위에 올린 청동 화분 병은 전쟁시 공출로 없어졌음

는 폐교 원칙을 주장했으므로 어느 단체도 신흥학교를 인수할 수가 없었다. 일반 개인이나 단체가 기독교학교를 인수하는 유일한 방법은 새로 학교를 만들어서 학생들만 인수하는 방법뿐인데 그 자금은 이보다도 다섯 배는 더 있어야 해서 어떻게 할 수가 없었다.

인돈은 평소처럼 학교에는 나가지 않은 대신 순회설교에 열중하였다. 사람들을 만나며 여러 날을 시골에서 보내기도 했고, 경찰을 만나 농촌에서 설교할 수 있는 허락을 받아내어, 그들에게 작은 책자를 만들어 주기도 했다. 그러나 그런 일도 자주 할 수 없었다. 인돈을 만나는 한국 사람들은 조심해야 했다. 일제 당국에서 기독교인들의 동태를 늘 감시하기 때문이었다. 당시는 교회도 그렇게 고통을 당하고 있었다.

일제의 황국신민화 정책에 따라 교회는 새로운 국면을 맞았다. 이른바 내선일체론內鮮一體에 따른 창씨개명과 징용, 공출 등은 교회를 어려움에 빠뜨렸고 교회에 대한 핍박은 점차 가시화 되었다. 신사참배 강요, 국기 게양대건립, 국기에 대한 경례와 황국신민서사皇國臣民誓詞[20] 의 제창 등이었다. 인돈은 이듬해인 1938년 1월 22일 미국 선교부에 학교 폐교에 대한 비통한 심정을 서신으로 보고하였다.

20) 의식 때마다 이를 외우게 했다. 1.우리는 황국신민皇國臣民이다. 충성으로서 군국君國에 보답하련다. 2.우리 황국신민은 신애협력信愛協力하여 단결을 굳게 하련다. 3.우리 황국신민은 인고단련忍苦鍛鍊하여 힘을 길러 황도를 선양하련다.

지난 8년간은 선교활동에 많은 변화를 가져왔습니다. 그러나 그 중에서도 1938년은 한국선교역사에 가장 놀라운 변화를 가져온 해로 기록될 것입니다. 이 해는 선교활동이 세속적인 교육으로부터 철수한 해입니다. 한국에서 종교적인 자유의 한계를 기록한 해이기도 합니다. 우리 선교사들은 일본의 학정 가운데서도 여러 해 동안 비교적 종교의 자유를 누려 왔습니다.

그러나 지금은 대부분의 자유가 박탈되었습니다. 교회에 대한 지속적인 박해는 또 얼마나 심해질 것인가 하는 것은 예상하기 어렵습니다. 많은 사람들이 이미 박해를 받았으며 지금도 받고 있습니다. 우리가 귀국하게 되면 이 일에 대해 더 자세히 말씀드리겠습니다.

전주에 있는 중점 남학교가 폐교된 것은 너무 가슴 아픈 일입니다. 저는 한국에 발을 들여놓은 때부터 지금까지 교육을 전담해 왔습니다. 그런데 제 생애를 바쳐 노력한 일이 바로 나의 곁에서 무너져 내리는 것을 지켜보는 것은 쉬운 일이 아닙니다. 그러나 저는 이것이 하나님의 뜻이라고 생각하며 온전히 평안한 느낌을 갖습니다.

저는 저에게 한국의 선교사로 와서 40년 동안 기독교 교육의 시범을 보이게 한 일에 대해 하나님께 감사하며 당신께서 앞으로 교육 방면에 다시 노력하는 길을 열어 주시도록 기도하고 있습니다. 우리는 선교활동 중 비중이 큰 교육 분야를 잃은 것을 후회합니다. 그러나 '하나님의 말씀과 예수를 증거'하는 일에 핍박을 받도록 허락하신 하나님을 찬양합니다. '여호와 그는 하나님이시다'라는 선포는 학교를 잃은 모든 손실을 보상하고도 남을 것입니다.

우리의 학교 건물은 여호와 하나님을 경배하는 교육을 하기 위해 세워졌기 때문에 지금은 텅 빈 상태로 서 있습니다. 이 건물을 다른 신을 섬기도록 가르치는 간음행위를 하게 할 수는 없습니다. 가까운 장래에, 세상을 향해 교육을 할 수 있도록 다시 문이 열리지 않는 한, 이 건물은 성경을 가르치는 학교로 쓰이게 될 것입니다.

폐교되어 있는 동안 내 모든 정성을 40개의 농촌 교회를 돌보는 데 쏟겠습니다. 여러 해 동안 8개 교회를 순회하면서 돌보아온 저에겐 그 일이 낯설지 않습니다.

저는 이런 활동을 좋아했기 때문에 익숙해지면 더 좋아지리라고 생각합니다. 학교에 있을 때도 일주일에 육 일 동안 열 달 반을 꼭꼭 매어 있는 생활에서 풀려나는 기분 때문에 교회 순회활동을 좋아했었습니다.

1950년 12월 흥남 철수 관경

1950년 9월 인천 상륙작전을 지휘하고 있는 맥아더 사령관

대전기독학관 교학과장 김기수 박사가 공항에서 인돈 학장을 맞고 있다.

| Part 4 |

전쟁의 소용돌이

10. 제2차 세계대전 11. 재건하는 교회와 학교
12. 모든 것을 잃게 한 6 · 25전쟁 13. 회갑잔치

어떤 사람의 삶은 태양에 비유할 수 있다. 그들은 우아하고 찬란하게 떠올라서 한낮을 향해 작렬히 빛을 내다가 선명한 영광 가운데 서서히 가라앉는다. 그들이 여기, 이 땅 위에 있는 동안 뿌린 빛과 따스함은 사라진 뒤에도 볼 수 있으며 느낄 수 있다. 윌리암 올더만 린턴(인돈)의 삶이 이와 같다.

William Alderman Linton

chapter 10

제2차 세계대전

1938년은 인돈이 세 번째 맞는 안식년이었다. 지난 두 번의 안식년에는 가르치는 자격을 갖추는 일을 했으므로 이번에는 성경을 가르치기 위한 현장학습을 할 생각이었다. 학교가 폐교되면 순회목사로서 각 지방 교회를 돌 생각이었다. 그는 선교사를 평생의 소명으로 생각하고 있는 사람이었다. 1월 22일에 선교부로 보낸 그의 편지 뒷부분에는 안식년에 대한 그의 생각이 적혀있다.

> 우리 가족들은 이번 여름에 고향으로 돌아가는 큰 계획을 세우고 있습니다. 우리는 고향으로 가기 전에 인도양을 거쳐 유럽으로 가려고 합니다. 어쩌면 앞으로 우리 가족 전체가 이렇게 모여보기는 어려울 것 같습니다. 큰아들은 아마 안식년이 끝나면 미국에 두고 와야 할 것입니다.

그리고 나머지 아이들은 우리와 같이 한국에 와서 학교를 다니겠지만 다음 안식년에는 또 미국에 머무르게 될 것입니다. 그래서 이번 기회에 온 가족이 같이 가지 않는다면 아마 앞으론 다 만나서 여행하기란 어려울 것입니다. 세계정세로 보아 지금은 많은 것이 불확실합니다. 집에 도착하기 전에 세계대전이 일어나지 않기를 바랄 뿐입니다. 그러나 우리의 계획은 팔레스타인에서 1개월쯤 지내면서 앞으로 성경공부에 필요한 준비를 할까 합니다. 예루살렘에서 1개월간 지내는 것은 오랫동안 가슴에 간직한 저의 꿈이었습니다. 어쩌면 저는 앞으로 성경을 가르치는 일에 더 힘써야 할지도 모릅니다. 따라서 이 여행은 측량할 수 없는 가치가 있다고 생각합니다.

인돈은 세계대전이 일어날지도 모르겠다는 정세의 불안을 느끼면서도 마지막 순간까지 주의 인도를 받아 예비 된 일꾼으로 살고 싶다고 생각했으며 불안한 세계정세를 자신의 아이들도 체험하게 하는 것이 결코 나쁘지 않겠다고 생각했다.

그 해 6월 초에 인돈 가족은 배를 타고 한국을 떠났다. 당시 평양에서 공부를 하고 있던 첫째, 둘째 아들을 대전에서 만나 부산을 통해 일본으로 갔다. 고베에서 이틀쯤 준비를 한 뒤 프랑스 배로 긴 여행을 시작했다. 이 배는 상하이, 홍콩, 그리고 수에즈 운하를 통해 이집트, 팔레스타인으로 가는 배였다. 팔레스타인에서 내려 예정대로 그곳에서 4주간을 머물렀다.

그곳에서 예수님의 흔적과 초대교회 교인들의 생활상을 상상하며 앞으로 성경을 가르칠 것을 생각하고 차근차근 현장을 둘러보았다. 현장학습이 없는 교사의 가르침은 행함이 없는 믿음 같을 것이라는 생각을 하였다. 그 뒤 소아시아의 콘스탄티노플(이스탄불)을 거쳐 유럽 대륙으로 들어가 아테네, 로마, 스위스, 프랑스 런던 등을 2개월에 걸쳐 순방하였다. 여정 중 그가 본 것은 전운이 감도는 긴장이었다. 1930년대의 경제공황은 전 세계에 군국주의와 파시즘을 조장하였다.

1936년에 이탈리아의 무솔리니가 에디오피아와 합병을 선언했고, 1937년 7월에는 일본이 중국과 전면전쟁을 선언한 후 중국의 각 도시를 함락하였으며, 11월에는 일본 · 독일 · 이탈리아가 3국 방공협정防共協定을 맺었다. 1938년 3월에 독일의 히틀러는 오스트리아를 합방하고 그의 독재체제는 이탈리아의 무솔리니와 함께 유럽을 불안하게 하고 있었다.

인돈이 앞으로 교육보다는 성경을 가르치는 일에 전념해야겠다고 결심한 배경은 일본의 압제가 더 심해질 것이라는 것을 예견했기 때문이었다. 전운이 감도는 그곳이어서 미국인이 동경하던 유럽문화의 오랜 역사의 향기를 그대로 호흡하기는 어려웠다. 그러나 그는 유럽 각국을 돌면서 세계를 보는 시야를

넓히고 있었다.

3개월 동안의 성지순례를 마치고 본국의 뉴욕으로 돌아오자 처남 윌리암(William Bell)이 뉴욕으로 그들을 마중 나왔다. 그의 차를 타고 켄터키까지 간 그들은, 다시 승용차를 빌려서 인돈의 고향인 토머스빌을 향했다. 루즈벨트의 뉴딜 정책이 한창 무르익고 있던 미국의 국내사정은 그나마 나았다. 고모 칼은 이번에도 조카인 인돈네 식구를 위해 집을 마련해 놓고 있었다. 인돈은 그 집에 머물며 여행 체험을 차근차근 정리했고, 그것을 한국의 현실과 연결하여 자신이 앞으로 한국에 돌아가 할 일을 이것저것 구상했다.

그러나 한국에서 들려온 소식들은 그를 더욱 암담하게 만들었다. 인돈이 한국을 떠난 지 얼마 되지 않은 1938년 9월 9일 제 27회 장로교회 총회에서는 총회 차원에서 신사참배를 하기로 결의했다는 소식이었다.

1939년 안식년을 마치고 한국으로 돌아가려 할 무렵, 고모 칼은 처음으로 자기도 같이 가서 한국을 보고 싶다고 했다. 인돈은 어머니 같은 고모가 이제는 한국 선교를 반대하지 않고 따라 오겠다는 것이 너무 기뻤다.

인돈이 세 번째 안식년을 마치고 한국으로 돌아와 보니 한국의 실정은 예상한 대로 전년보다 훨씬 나빠져 있었고, 전주는 전기도 없는 어두운 도시로 변해 있었다. 이때의 상황은 1940

년 1월 26일 선교부에 보낸 인돈의 편지를 통해 알아볼 수 있다. 편지의 요점은 다음과 같다.

일본 경찰들은 우리와 특정한 구역의 기독교인들을 무슨 일로든지 만날 수 없게 만들고 있습니다. 여러 곳의 교회 지도자들에게 선교사들이 자기네 교회를 방문하지 말아 달라는 편지를 쓰도록 강요합니다. 한편 선교사들에겐 그런 편지를 쓰게 한 일이 없다고 합니다. 그런데 교회를 방문하지 말아달라고 부탁하는 편지는 비록 종이는 다를 지라도 내용은 거의 똑같습니다. 이런 증거를 경찰서장에게 제출하면 그들은 묵묵부답으로 일관합니다.

최근에 저는 여러 번 방문한 일이 있었던 교회를 찾아갔

칼 고모와 인돈의 아내 인사례 여사

습니다. 여러 교인들이 나와 함께 교회로 들어갔습니다. 경찰은 내가 와서 교인들이 모여든 것을 알고 교회 지도자에게 설교를 못하게 하고 초청을 철회하도록 했습니다. 그러나 나는 집회에 참석했습니다.

내가 들어가자 경찰은 모자를 쓰고 교인들 사이에 앉아 담배를 피우고 있었습니다. 집회가 끝나자 모든 교인들은 나를 환영하기 위해 모여들었습니다. 그러자 경찰은 갑자기 거칠어지며 나와 이야기해서는 안 된다고 하면서 그들을 밖으로 내보냈습니다. 나는 아무 말도 하지 않았습니다. 만일 내가 말하면 나에게 말을 걸었던 사람은 내가 떠난 후 경찰에게 끌려갈 것이기 때문이었습니다.

경찰은 내가 차를 세워 놓은 언덕길까지 따라 나왔습니다. 그때 나는 경찰 한 사람만 교회에 있었던 것이 아니고 사복을 입은 경찰도 거기에 있었던 것을 알게 되었습니다. 그들이 함께 경찰서로 가자고 강요해서 나는 따라갔습니다. 우리는 그곳에서 한 시간 반 가량 이야기를 했으며 나는 그들의 상부에 전화를 걸어서 내가 알고 있는 교인들에게 이야기해도 되는지, 또 거기서 설교할 수 있는지 물었습니다.

드디어 나는 설교도 이야기도 할 수 있다는 상부의 대답을 받고 헤어졌습니다. 내가 만일 거기서 긴 시간을 통해

이 문제를 해결해 놓지 않았다면 교인들의 학대는 끊어지지 않았을 것입니다. 경찰은 벌써 집회를 인도했던 사람과 나와 교회에서 이야기를 하려 했던 젊은 여인을 경찰에 붙잡아 놓은 상태였습니다.

일본의 감시는 더욱 강화되었고 날이 갈수록 교회뿐만 아니라, 어느 곳에서도 한국 사람이 미국인과 얘기를 할 수 없게 되었다. 기독교, 불교 등 모든 종교가 일제의 통제 하에 들어간 상태에서, 종교 활동을 방해하는 일은 일제로선 쉬운 일이었다. 순회 설교와 성경 공부에 심혈을 기울이겠다는 인돈의 희망도 실현되기가 어려웠다. 그것은 인돈에게만 닥친 문제가 아니라 선교부 전체의 문제였다.

1940년 10월에 들어서자 대부분의 사람들은 일본과 미국의 전쟁 선포는 시간문제라는 생각을 하게 되었다. 선교사들의 친척과 친구들은 내슈빌에 있는 선교 본부에 등기편지로, 전보로, 장거리 전화로 걱정 섞인 말을 해왔으며 선교본부는 각 나라 선교회에 사려 깊은 조치를 취하라고 촉구했다. 극동 지역에서도 마찬가지로 많은 경고가 있었다. 십여 명의 목사와 교회 지도자들도 검거되었다. 그 중 많은 사람들이 투옥되어 심문과 구타와 고문을 받았다. 반기독교 관권시위들이 일어나고 여기저기서 폭력사태도 일어났다.

1940년 10월 5일 미국 선교본부는 일본과 중국과 한국에 전문을 보냈다. '각 현지 선교부에 특별 안식년을 주는 권한과 사태의 진전에 따라 필요한 경비를 사용하는 결정을 위임한다.'는 내용이었다. 이 메시지의 목적은 각 현지 선교부가 솔선해서 결정할 수 있게 하며 조금이라도 시간을 끌면 심각한 문제가 발생할 수 있는 긴급 상황에 대처하기 위한 조치였다.

이 메시지를 받은 2, 3일 후에 미국 정부는 각국 대사관을 통해 남아 있어야 할 매우 중요한 사유가 없는 한 극동에 체재하고 있는 모든 미국 시민들은 철수하라는 명령을 내렸다. '남아 있어야 할 중요한 사유가 없는 한'이라는 내용은 선교사들은 남아 있을 수도 있다는 말이었다. 그러나 다음과 같은 이유로 인하여 대부분 선교사들은 철수하기로 하였다.

① 전쟁으로 말미암아 선교사들은 선교활동을 못하고 집단수용소에 감금될 우려가 있다.
② 헌병과 고등계 형사들의 방문에 시간을 빼앗겨서 거의 선교활동을 할 수 없다.
③ 총독부의 간섭 때문에 기독교 원리와는 거리가 먼 활동을 할 수밖에 없다.
④ 미국 선교사의 개입은 많은 경우 한국 기독교인에 대한 위험과 핍박의 원인이 된다.

대부분 위와 같은 이유 인하여 1940년 가을, 선교사상 초유의 미국선교사들의 집단 철수가 극동에서 일어났다. 중국, 일본, 한국에서 약 125명 정도가 철수하였다. 이 중 한국 선교사들은 50명 정도였다. 한국에 끝까지 남은 선교사는 4명뿐이었다. 타마자 목사 부부, 처녀인 유화례와 도마리아 선교사, 이 네 사람이었다.

이중 타마자 선교사는 선교 부지를 관리하는 재단 이사회 이사장을 맡고 있어 선교부의 재산을 지키기 위해 한국에 남아 있다가 제2차 세계대전이 시작되자 체포되어 1942년 4월 9일까지 감옥에 갇히게 되었는데 끝까지 "이것은 하나님의 재산입니다. 포기할 수 없습니다."라고 말하며 일제에 선교부 재산을 넘겨주지 않았다. 타마자 박사와 나머지 세 여인은 이 해 6월 1일 일본에 의해 미국으로 추방되었다.

인돈 가족은 1940년 11월 14일 한국을 마지막으로 떠나는 배를 타기 위하여 10월 중순부터 짐을 꾸리기 시작했다. 그들에게 가장 어려운 문제는 한국 사람들에게 전쟁이 시작된 것도 아닌데 자기 안전을 위해 미리 떠난다는 인상을 준다는 것이었다. 그러나 아직 선전 포고를 하지 않은 것 일뿐 전쟁은 이미 시작되고 있었다. 그들이 남아있어도 연금된 상태여서 할 수 있는 일은 없었다. 그 때 10월 중 그들이 매일 읽는 명상집, 〈Daily Strength for Daily Need〉에서 읽었던 인상적인 성경 구절은 이사야 52장 12절이었다.

"여호와께서 너희 앞에 행하시며 이스라엘의 하나님이 너희 뒤에 호위하시리니 너희가 황급히 나오지 아니하며 도망하여 행하지 아니 하리라"

타마자 목사 내외

인돈은 지금은 어쩔 수 없이 한국을 떠나지만 자기는 반드시 돌아오리라는 생각을 하고 있었다. 그들이 한국을 떠난다는 말을 듣고 많은 사람들이 자주 찾아왔었다. 어떤 사람들은 앞으로 영영 볼 수 없다고 생각해서 방문했고, 어떤 사람들은 자기들을 데려가 달라고 찾아왔었다. 하지만 인돈은 그들에게 해줄 말이 없었다.

이러한 선교사의 집단 철수로 미국 선교본부에서는 극단의 행정적인 부담을 안게 되었다. 그동안 집행부 총무는 일반 행정업무 외에도 선교사 지원부, 특수 목적 사업부, 국내 각 교회와 외국 선교부 사이의 연락 편지 및 서류를 관리하는 일까지 너무 많은 업무에 시달려왔는데 이제는 선교사 철수라는 예상외의 일이 또 추가된 것이다.

해외에서 철수해 온 선교사들 중에는 실력자들이 많았다. 그러나 누구를 어떻게 기용할 것인가는 쉬운 문제가 아니었다. 그런데 내슈빌에 1941년 9월말에 도착한 인돈은 그 뛰어난 재능과 업적으로 집행부의 부총무로 발탁이 되었다.

드디어 1941년 12월 7일 일요일 아침 일본이 진주만 기습공격으로 선전의 포문을 열었다. 예측은 하고 있었지만 일본 본토에서 8,000km나 떨어진 진주만을 평화로운 일요일 아침에 기습할 줄은 생각지도 못했다.

태평양 함대를 무력화시키려는 이 기습공격으로 32,000톤

급의 애리조나 호를 불과 9분 만에 침몰시키고 1,177명의 선원들을 바다에 수장시켰다. 이것은 미국 사람들을 진노하게 만드는데 충분했다. 그러나 미국 선교부는 이 전시 체제에서도 후일을 위한 선교전략에 몰두하고 있었다.

집행부 부총무가 된 인돈에게 주어진 첫 번째 임무는 선교사 지원부를 통해 새로운 선교사를 선발하는 것과 임명하는 일이었다. 이것은 전후 해외 선교를 계속하기 위해 가장 중요한 일 중의 하나였다. 그 당시 선교사 선발이 어려웠던 것은 다음과 같은 사정들 때문이었다.

첫째, 1929년의 경제공황 이래 10년 동안은 극심한 재정난으로 혹 선교 지원자가 있었어도 임명하지 못하여 미안하다며

진주만 공격으로 침몰한 애리조나 호 기념관. 1958년 루주벨트 대통령이 침몰한 배 위에 기념관 건립을 허락하여 3년 만에 완공. 선원 1,177명은 수장되었음.

따로 국내에서 봉사할 곳을 찾아보라고 권고했었다. 따라서 대학과 신학교에 있는 학생들은 선교사 지망은 헛된 일이라는 것을 알게 되어 1940년 초반에는 더욱 선교사에 대한 관심이 없었다.

둘째, 1941년 미국이 전쟁에 돌입하자 선교사로 갈 만한 나이의 젊은 남녀는 군대로 소집되었다. 대학에서 훈련된 인력들은 정부기업체, 사회사업체들에서 다 불러다 써도 모자랄 판이었기 때문에 선교사로 자원하는 사람은 찾아보기가 힘들었다. 정직하게 말하면 지원자들이 선교사 지망을 포기한 것이 아니라 대부분의 사람들은 전쟁이 끝나기까지 선교사 지망을 연기하겠다는 것이었다.

이런 어려운 상황에서 인돈이 많은 선교사 지망자를 확보한 것은 그가 선교지에서 겪었던 경험을 간증하고 지원 대상자를 효과적으로 설득했기 때문이었다. 그 때 선발한 인원은 가장 풍성한 열매를 맺던 때보다는 못했지만, 그래도 이처럼 꾸준히 지망자가 늘었던 것은 인돈이 지망자의 성격과 자격을 꿰뚫어 보는 통찰력을 가지고 있었으며, 친절한 협상과 대화의 재능으로 이 일들을 잘 처리하였기 때문이었다.

그때부터 20년 뒤까지도 해외에서 근무한 가장 훌륭한 선교사는 인돈이 근무하던 시대에 임명된 사람들인 것으로 알려져 있다. 이러한 비상정국에 그것은 확실히 큰 성과였다.

이외에 선교부 집무기간 동안에 인돈이 한 일은 전쟁 종료 후에 현지에서 일할 선교사를 훈련할 집을 지어 그들이 교육을 받는 동안 기거하게 하는 일이었다. 이렇게 '예비 선교사'들 집을 지어 그들을 훈련했기 때문에 선교부의 기록에 의하면 1945년부터 1957년까지 전후 12년 동안에 해외에 파송된 신참 선교사들은 445명으로, 선교사상 12년 동안에 제일 많은 수가 되었다. 이러한 모든 것은 앞날에 있을 필요와 기회를 미리 바라보고 열매를 맺기까지 씨를 부리고 인내한 인돈의 공로였다.

1945년 일본의 패망 징조가 보일 때부터 인돈은 가능한 한 빨리 한국으로 돌아갈 마음의 준비를 하고 있었다. 1월 1일에는 새로운 총무로 목사이며 박사인 질레스피(Gillespie, Richard T.)를 자기 후임으로 임명했다. 그리고 새 총무가 선교회 업무에 익숙해지도록 특히 처음 한 달 동안 크게 도왔다.

그는 점차 선교사 지원부의 일을 줄이고 선교부 특수사업부의 일에 열중했다. 이 부처가 선교부에서 얼마나 중요한가 하는 것은 해외 사업에 기증하는 금액의 1/3이 이 부처를 통해서 들어왔다는 것을 보아도 알 수 있었다. 이 부처에서도 선교사 지원부에서처럼 인돈은 이사회의 기대를 저버리지 않았다. 그의 효율적인 활동은 누구나 다 받아들일 수 있는 것이었다.

chapter 11

재건하는 교회와 학교

1945년 8월 일본의 무조건 항복 선언으로 선교사들은 다시 해외 선교지로 떠날 기대에 부풀었다. 그러나 사정은 여의치 않았다. 정기 여객선이나 비행기가 아직 없었다. 또 국무성은 긴장을 풀지 않고 있었기 때문에 여권 발급에 신중을 기하고 있었다. '초긴급을 요하는 업무'라는 사실이 밝혀지지 않은 이상 여권은 발급되지 않았다. 모든 것은 당분간 군인들의 소관이 되었으며 아무도 한국의 실정이 어떠한지 정확히 아는 사람은 없었다.

건물이나 재산의 피해는 어떤지, 음식은 사 먹을 수 있는 것인지, 일할 수 있는 여건은 되는지, 또는 가능한 선교 프로그램은 어떤 것이 있는지 등 모든 것이 불투명했다. 선교 본부의 결정은 몇 사람의 선발대를 현지에 보내서 앞으로 취할 단계를 선교부에 보고한 뒤까지 나머지 선교사들은 본국에서 기다리게 하자는 것이었다. 따라서 극동 지역에 있는 능력 있는 대표들을 사려 깊게 선발한 뒤 그들이 가져오는 보고를 기다리기로 했다. 이를 위해 미국에 있는 선교사들 중 중국, 일본, 한국에 보낼 자격이 충분한 대표를 선발하여 선교본부에서 임명하기로 했다.

한국 조사팀은 5명[21)]으로 하되 인돈을 팀장으로 선정했다. 인돈은 1946년 6월 1일 그의 사명을 완수하기 위해 샌프란시스코 항을 떠났다. 그가 7월 1일 인천항에 도착할 때는 감회가 새로웠다. 6년 전 일본 사람이 그들을 추방했던 바로 그 장소였기

1945년 9월 2일 일본 천황을 포함한 전범들이 미국 함정 미주리 호 갑판에서 항복서명이 끝나기까지 기다리고 있다.

---

21) 구레인, 김야곱, 조하파, 인돈, 우일선

때문이었다. 그 때 일본경찰들은 200명 쯤 되는 미국인들을 다섯 줄로 세워 배로 행진하게 하였는데 그것은 미국인들이 간첩행위를 하는 5열 분자라는 뜻이었다.

그런데 이제는 그들이 패전국이 된 것이다. 배에서 내리자 군정청의 친절한 환대를 받고 관리들의 차로 수도 서울로 입성했다. 그들은 인돈네 일행이 편리한 막사를 배정받고 큰 홀에 있는 미국인 PX에서 물품도 살 수 있도록 배려해 주었다. 그곳에서 콜레라와 다른 병균의 예방접종도 맞았으며 천연두 예방 주사도 맞았다. 한국은 이때 콜레라가 만연해서 여행 통제가 되어 있는 상태였다.

한국에 있는 한센 병 환자의 상태가 악화되어 1월 15일에 군용기 편으로 서울에 미리 도착한 우일선 박사는 전후 한국은 너무 정리가 안 된 상태라고 말했다. 한센 병 환자들은 전쟁 말기에 너무 굶주려서 폭동을 일으켜 먹을 것을 쌓아놓은 창고를 털다가 일본 경비의 총을 맞아 80명이 죽었다는 것이다. 그러자 전염력이 있는 한센 병 환자들은 마을로 흩어져 구걸을 하고 있었으며 이로 인하여 사회 불안이 높아졌다. 이에 미 군정청이 그들을 한센 병 환자 촌에 불러들이는 일을 도와 달라고 우일선 선교사를 부른 것이었다. 우일선 선교사의 말에 의하면 기차 여행은 한마디로 엉망이어서 그는 군용 칸을 타려 했는데 지키는 사람도 없고 출입구는 닫힌 채 짐이 쌓여있어서 창문을 통해 안으로 들어갔다고 했다.

이때 기차 지붕 위에도 100여 명이 올라가 있는 것을 보았는데 굴을 지날 때 이들이 어떻게 살아남았는지 상상이 되지 않았다고 했다. 그것보다도 한국 사람들은 일본인 재산들을 차지하려고 광분하고 있었다고 말했다. 우일선 선교사는 사실 자기 자신도 일본인의 논을 차지하려고 눈독을 들이고 있다고 했다. 그것은 애양원에 있는 한센 병 환자를 위해 꼭 필요한 땅이라는 것이었다. 결국 한국인, 미국인 할 것 없이 다 땅을 차지하려고 광분하고 있는 셈이라는 것이었다.

아무튼 한국은 많이 변했는데 겉으로 보기에는 자유를 즐기고 있는 것 같았다. 거지도 많이 줄어들었고 경제적으로 잘 사는 것처럼 보였다. 그들은 먹을 것도 풍족해 보였고 입을 것도 넉넉해 보였다. 그러나 38선으로 나라가 나뉘어져 불안해하는 것도 사실이었다. 남한 사람들은 북쪽에서 송전하고 있는 전기를 쓰고 있었는데 언제 전기가 끊어질 것인지 알 수 없는 일이었다.

인돈은 서울에 도착한 뒤 10여 일을 미군 고관 막사에서 지낸 뒤 순천 애양원의 의료선교사 우일선, 커밍 박사와 함께 7월 12일 아침 9시에 8톤 트럭에 트레일러까지 달고 전주로 출발했다. 그들은 10시간을 달려 저녁 7시에 겨우 공주까지 와서 하룻밤을 자고 이튿날 3시간 남짓 더 달려서야 전주에 도착했다.

도착해보니 전주의 선교사 집들은 그동안 일본 사람이나 군인들이 사용해서 험했고, 아직도 피난민이 살고 있었다. 인돈의 집은 들어가 살 수는 있었으나 이곳저곳에 비가 샌 흔적이 있었다. 그래서 얼마 동안 시내의 호텔 2층에서 지내면서 한 끼에 25전씩 하는 식사를 사 먹으며 그곳에 있는 일본 간이 침대를 쓰고 있기로 했다. 실제로 철수하기 전에 일했던 사람들이 옛날 집에 살고 있는 경우도 있어 현재 이를 맡아 관리하는 군의 허락을 받아야 집을 고칠 수 있는 실정이었다.

인돈은 새로이 선교활동을 하려면 해야 할 일이 산적해 있음을 실감했다. 두고 간 선교사 사택과 군인들이 주둔해 있는 학교에 대해 협상하는 일이 남아 있었다. 먼저 전남의 군사령부 지사 피케(Peeke) 대령은 광주에 있는 미군과 선교사 거주지는 수리해 주겠다고 약속 했다. 군인들은 일 년 기한으로 선교사 사택을 수리해서 사용한 뒤 인계해 주기로 하고 그동안은 선교사 거주처와 음식을 자기들이 책임지겠다고 했다. 숙소에 들어와 있는 피난민들 때문에 걱정했는데 군인들이 이들을 철거시키고 집을 수리해 준다는 것은 다행이었다. 그는 전북 지사와도 이런 협상이 있어야겠다고 생각했다.

그는 바로 본국으로 편지를 보냈다. 이 편지는 본국에 남아 있는 아내 인사례 부인이 전달하였다. 인돈이 미국에 보낸 두 통의 편지에는 그 당시 정황을 대개 다음과 같이 묘사하고 있다.

1946년 7월 16일 미국 후원자들에게 보낸 편지

제가 한국에 도착했다는 소식이 순식간에 퍼져서 그 뒤로는 조금도 편지를 쓸 시간을 낼 수가 없었습니다. 제가 받은 환영은 따뜻하고 정성을 다한 것이었습니다. 그들은 오직 모든 선교사들이 가능한 빨리 돌아와서 옛날과 똑같은 일을 계속 해 주기를 원하고 있었습니다.

저는 주일날(7월 14일) 전주동부교회에서 오전 설교를 했으며 밤에는 중앙교회에서 말씀을 전했습니다. 이때는 연합예배로 700명가량 모였었고 교회밖에도 청중이 있었다고 합니다. 이것은 이들이 선교사들을 몹시 기다리고 있었다는 또 하나의 증거입니다.

한국 교회들은 제가 상상한 것보다 훨씬 더 부흥된 것 같습니다. 그러나 교회의 분열이 있습니다. 38선 이남에 있는 장로교는 남북이 합해질 때까지 우선 남부총회를 조직하였는데 총회의 힘은 지방 노회에 비하면 비교적 약한 것 같습니다. 군산노회와 충남노회가 나눠졌으므로 이제 노회는 12개가 됩니다. 남부총회는 서울에 신학교를 세우려 하고 있습니다만 결코 순탄하지는 않습니다. 전국에 신학교들이 여기저기서 생겨납니다.

신사참배 문제는 지금도 뜨거운 쟁점이이서 교회 분열의 원인이 되고 있습니다. 제가 알기로는 총회는 최근 모임에서 신사참배를 죄로 규정하고 일제 치하에서 신사참배를 했던 목사나 장로를 정죄하는 조치를 취하는 위원회를 구성했다고 합니다. 교회가 신사참배에 대해 취했던 행동이 꼭 죄라고 단정할 수는 없으므로 과거를 잊기 전에 교회 안에서 분명히 가닥을 잡아 놓는 것은 다행한 일이라는 생각이 듭니다.

그러나 다른 한편의 사람들은, 신사참배에 참여했던 모든 사람들은 하나님 보시기에 큰 죄를 범한 죄인이기 때문에 그들은 그들의 죄를 하나님 앞에 고백하고, 사람 앞에서 인정하지 않으면 그런 사람들과 함께 일할 수 없다고 주장합니다.

제가 한국에서 접수한 가장 긴급한 요구는 이번 가을에

1950년대의 기전학교 본관

폐교된 두 학교를 복구시켜 달라는 것입니다. 저는 두 학교의 동문과 전북 노회의 이름으로 미 선교부 실행위원회에 학교를 다시 열게 해달라는 청원을 한 바 있습니다. 즉 저를 이 두 남녀 학교의 창설자이며 교장으로 임명해 줄 것과, 노회 회원으로 구성된 자문위원회를 인정해 줄 것과, 학교가 폐교될 당시에 가졌던 교육목표를 유지하게 해달라는 것 등이 청원서에 포함된 내용들입니다.

동문회와 전북노회는 학교가 개교되면 경제적인 문제를 자기들이 스스로 부담하며 학교 내부시설에 필요한 어떤 것도 갖추겠다고 말했습니다. 제가 시간이 없고 바쁘므로 학교가 시작되면 한국인 부 교장들을 두어 학교운영을 하기로 약속한 것을 아셔야 합니다. 현재는 미군들이 남학교를 점거하여 사용하고 있으므로 건물을 쓸 수 있게 되기까지 여학교(기전) 건물을 써야 할 것 같습니다.

부서진 곳이 없는 남학교에는 군인들이 득실거리고 있습니다. 학교 보일러는 군산에 있는 정부 병원으로 옮겨졌으나 이곳 전주에 있는 병원의 난방용 보일러는 그냥 있습니다. 보이열 목사와 저의 집은 그저 그러합니다. 아직 모든 집을 다 돌아보지는 못했습니다. 독신녀들의 집은 잘 수리가 되어서 다음 달에 부인과 함께 입주할 군목이 쓰게 될 것입니다. 이곳에 올 때에는 누구나 침구, 수건, 베개, 옷상자, 모기장은 가져와야 하며, 비누, 치약, 면도날, 그리고 대부분의 화장 용품은 이곳 PX에서 사야 합니다.

여러분이 다 아셔야 할 것은 이곳 한국 친구들에게 돈을 보내지 말라는 것입니다. 1불에 15원씩인데 환율이 너무 낮아서 쓸모가 없는 돈입니다. 그래서 저는 보낸 사람에게 다시 돌려보내라고 합니다. 이곳의 쌀값은 작은되 한 말에 300원입니다. 그런데 서울에 가면 400원이나 500원을 받습니다. 보통 옛날에는 2원에 팔리던 것입니다.

인돈은 이렇게 자세한 내용들을 미국에 있는 선교사들에게 보내고 있었다. 또한 전후 폐허가 된 한국 젊은이들이 품고 있는 미래의 꿈을 걱정하는 글을 고국의 후원자들에게 쓰고 있다. 선교사로서 자기들이 심어준 가치관이 사대주의에 찌든 약소민족에게 하나님을 의지하는 꿈을 심어주지 못한 것이 안타까웠던 것이다. 그는 편지를 계속했다.

한국은 참으로 귀한 때를 맞았습니다. 새 나라를 위해 기초를 놓아 가는 것 같습니다. 주로 중국 문화에 기초를 둔 한국 사상들은 과거 40년 동안 일제 지배 교육의 영향을 받고도 흔들리지 않았지만 이제는 그 기초가 흔들리고 있습니다. 모든 사람의 표정은 밝았고, 그것은 뭔가 새로운 장래를 약속 받고 있는 듯했습니다. 그러나 사실은 -미국 사람들은 어떻게 생각할지 모르지만- 현재 한국은 미국에게 점령을 당하고 있기 때문입니다.

1945-1948년까지 미 주둔군 사령관으로 있던 존 하지 중장

이 침략은 하지(Hodge) 장군과 모든 우리 군인들이 떠나기 전까지는 끝나지 않을 것입니다. 이유는 지금은 문화적이라기보다는 군사적인 지배를 하고 있기 때문입니다. 이 상황에서 모든 한국 사람들은 미국화 되기를 바랍니다. 영어로 말하는 것을 배우려 합니다. 미제 물건을 사기를 갈망합니다. 그리고 많은 사람들이 미국에 가서 공부할 계획을 하고 있습니다. 모든 사람들은 무엇이 미국을 그렇게 위대한 나라로 만들고 있는지 알고 싶어 합니다. 그런 큰 나라가 어떻게 이렇게 작은 나라에게 자유를 주려고 하는지 이해하지 못합니다. G.I (미국에서 특별한 일에 쓰려고 소집한 병사)들이 무엇을 하든, 그것은 많은 사람들의 관심을 끌어당깁니다.

얼마 전 나는 열차 안에서 부자 출신의 한 젊은이를 만났습니다. 그는 일본의 훌륭한 대학에서 두 개의 학위를 받은 사람이었습니다. 그는 서울에 있는 군인 숙소에서 일하고 있었는데 받고 있는 봉급은 문제가 아니며 미국에 공부를 하러 가고 싶다고 말했습니다. 영어를 유창하게 하고 싶은 그는 영어를 배우기 위해 미군 장교 숙소에 심부름꾼으로라도 들어가고 싶다고 말했습니다.

한국의 장래와 그리고 온 극동의 장래는 오늘날 한국이 어떤 기초 위에 서느냐 하는 데에 있다고 봅니다. 하나님께서 이 나라가 미국을 통해 개화되기를 바라고 있을 때, 이 기회를 이용하여 한국인에게 기독교 정신으로 굳건한 기초를 세우는 일에 하나님께서 우리 선교사들을 써 주시기를 빕니다.

이러한 상황에서 한국 교회의 분열상은 인돈에게 가슴 아픈 일이었다. 일본은 한국 기독교를 장악하기 위해 모든 교단을 하나로 통합하여 '일본기독교한국교단'을 만들었다. 해방이 되자 기독교가 단일교단單一敎團으로 나라에 헌신하고자 1945년 8월 26일 서울 승동교회에서 이름을 '조선기독교남부총회(이북5도가 빠졌으므로)'라는 단일교단 이름으로 모였다. 그러나 의견의 일치를 보지 못하고 1946년 4월 30일에는 각 교파로 환원하였다. 장로교도 노회를 새로 환원 조직하고 총회를 준비하기 시작했다. 드디어 1946년 6월 12일 서울 승동교회에서 총회를 열고 전북노회장이었던 배은희 목사를 총회장으로 선출하였다. 후에 이는 대한예수교장로회 33회 총회로 추인되었다. 이 과정 속에 출옥성도들의 교회재건 원칙과 신사참배에 동조한 목사간의 갈등은 여러 교회와 교단 분열의 원인이 되었다.

인돈은 1946년 11월에 전주에 있는 신흥학교와 기전학교의 교장으로 다시 임명되자 학교 동문회와 전북노회의 청원을 받아 폐교된 학교를 복구하는 데 온 힘을 쏟았다. 드디어 1946년 11월 26일에 신흥학교가 복교되었다.

인돈은 나이가 55세로 차츰 외로움을 느끼게 되었다. 가끔 복통이 있을 때도 있어 아내의 따뜻한 간호가 그리워지기도 했다. 네 아이들도 다 성장하여 미국에 있기에 이제는 두 부부가 힘을 합하여 마지막 푯대를 향해 달려갈 때가 되었다고 생각하고 있었다. 미 군정에서는 한국에 전후 선발대로 와 있던 군인들과 선교사들의 부인을 먼저 초청하여 인사례 부인도 12월 17일(1946년)에 미국을 떠났다는 소식을 들었지만 아직 한국에 도착했다는 소식이 없었다.

드디어 이듬해 1월 말 제물포(인천)에서 그들이 타고 온 군용선을 맞게 되었다. 부두에는 100여 명의 군인들도 그들의 가족을 만나기 위해 나와 있었다. 결혼할 때의 떨림으로 인돈은 아내를 포옹했다. 그녀도 항해가 얼마나 더딘지 배가 목적지도 없이 끝없이 달리고만 있는 줄 알았다고 말했다. 그녀와 함께 온 부인들은 구레인 박사의 부인과 조하파 선교사 부인으로 이들은 곧 한국에 온 전후 첫 세 선교사 부인이 되었다. 이들은 군인 가족이 아니었지만 군인 가족이 누리는 특권을 다 누리고 왔다고 얼굴에 홍조를 띄며 말하였다.

이들은 군인 가족들과 함께 일반 열차에 연결된 호화로운 군용 칸을 타고 여행하였다. 한국의 일반열차 칸은 유리창이 깨어져 바람막이가 없는 곳이었는데 군용 칸은 히터도 있고 식당도 있는 그런 곳이었다. 한국은 군인들의 천국이었다. 한국에 와 보니 생각보다 교회가 많이 부흥한 것을 보고 인사례부인은 무척이나 놀라워했다.

그러나 아직도 일제치하에서 힘들었던 모습들을 여기저기서 볼 수 있었다. 부인들은 선교사들이 떠난 뒤 얼마나 교회 핍박이 심했던가 하는 사례들을 이야기 했다. 일제는 모든 여자들에게 옷감을 아끼기 위해 치마대신 몸뻬(왜 바지)를 입게 했는데 예배 때에는 치마를 싸서 들고 교회에 와서 갈아입었다고 했다. 또 변한 것은 물가가 너무 올라서 전에는 3원이던 콩나물이 30원으로 폭등한 것이었다.

또 전에는 비녀를 꽂거나 단발머리를 하던 여성들이 파마를 하고 다녔다. 더 놀라운 것은 교회에서 기독교인들이 큰 소리로 지도자들과 나라의 독립을 위해 기도하는 소리를 듣게 되었는데 오랫 동안 일본인들이 두려워 그런 말을 입 밖에도 내지 못했던 과거를 생각하며 딴 나라에 온 것 같은 느낌이 들기도 했다.

인돈은 본국 선교회의 실행위원을 대표해서 내한 한 풀턴, 엘리어트(Eliot) 박사와 함께 1947년 2월 21일 순천의 우일선 선교사집에서 한국조사위원회를 소집했다. 이때는 조사 위원 5명 외에도 새로 도착한 부인들이 참석했다.

여기서 건의한 중요한 정책은 많은 선교사들을 초청하되 특히 로라복 목사 내외, 타마자 목사 부부, 그 아들 타요한 목사, 독신인 구리인, 조마구례, 명애다 선교사를 초청하기로 하고 한국에 오는 선교사의 사례비도 구체적으로 건의했다. 또 이들이 도착하면 조사위원회는 자동 해체하기로 하였다.

여기서는 교육사역에 대해서도 논의 했는데 선교부가 학교를 여는 것이 아니라 한인들의 노회가 학교를 운영하게 하고 선교부는 돕고 자문하는 일을 수로 하며 가능할 때는 경세적인 지원을 할 수 있다고 결의 하였다. 또 지역의 요청이 불가피할 때에는 임시 교장을 맡을 수도 있으나 구체적인 운영은 한국인에게 맡기는 것으로 했다.

요약해서 말하면 조사위원회가 취한 정책은 선교회가 한국교회에 될 수 있으면 간여하지 않고 그들의 도와달라는 요청이 있을 때에만 선교사들은 능력이 되는 선에서 지원을 하자는 것이었다. 이것이 한국 조사위원회 및 교육위원회 위원장이었던 인돈의 주장과 철학을 반영한 내용이었다. 따라서 그는 신흥학교의 교장 요청을 수락했지만 한국인 동사同事 교장을 두어 자치적으로 운영하게 한 것이었다.

1947년 4월 24일에는 전후 1차 선교회 연차대회를 했는데 이 때 모임은 전주의 아다해밀톤클락 성경학교[22]에서 열었다. 그리고 이때까지 돌아온 선교사들은 17명이었다. 그러나 이 수로는 옛날처럼 5개의 선교부를 운영하기는 턱없이 부족한 숫자였다. 그러나 타요한 목사와 구리인 여선교사를 우선 군산으로 보내서 군산 선교부를 유지하게 했다.

1947년 9월 29일(음력 8월 15일)은 한국의 추석 명절이었다. 어린 아이들은 색동옷을 입고 길거리를 수놓고 있었다. 그러나 인돈은 이 나라의 국제 정세 때문에 마냥 즐거워하고 있을 수는 없었다. 그는 이때의 생각을 정리해서 장로회 회보[23]에 〈한국의 국제 상황〉이라는 제목으로 발표하였는데 당시의 인돈의 생각을 엿볼 수 있다.

이 글은 분단, 피난민, 공산주의의 선동자들, 미국, 세 가지 반응, UN안을 찬성한다, 등의 소제목으로 쓴 긴 글인데 간추

22) 1923년 여전도사를 기르기 위해 전주에 세워진 성경학교로 광주의 닐 성경학교와 함께 1961년 현재의 한일장신대학의 전신이 됨.

23) The Presbyterian Survey, 1948. 2

린 내용에는 당시의 한국 정세와 인돈의 생각과 판단이 잘 나타나 있다. 그 간추린 내용은 다음과 같다.

『당시 남한에는 이북 피난민들이 많이 내려오고 있었다. 특히 기독교인 피난민이 많았는데 1946년 11월 3일(주일)에 북로당이 주도한 도 · 시 · 군 인민 위원회 선거에 이북5도연합노회가 주일을 범한다고 반대하자 이를 구실로 투옥, 강제노동 등 기독교인 탄압이 표면화되었다. 그러자 많은 기독교인들이 집단으로 피난하기 시작하였다.

일반적으로 피난민들은 두 부류인데

첫째는, 밤중에 어선을 타고 위험한 항해를 해서 빠져 나오거나 아니면 험한 산길을 통해 피난해 온 사람들로 경찰에게, 혹은 소련 군인에게 옷을 빼앗기고 짐을 빼앗기고 심지어 음식과 그들의 손목시계, 때로는 딸까지도 빼앗기고 남한에 도착할 즈음 그들에게 남은 것은 입고 있는 옷뿐인 부류들이고

둘째는, 남한 도착으로 풍족한 재정적 지원을 약속 받은 북한 공작원들로 이루어지고 있다. 이 공작원들은 잘 조직된 큰 기구를 가지고 곳곳에 공산주의 앞잡이들을 내세우고 있으며, 이 앞잡이들은 친구를 사귀고, 옷과 음식을 사고, 생활에 구애받지 않을 만큼 쓸 수 있는 돈까지 북한에서 공급을 받고 있다. 이 공작원들은 다음과 같은 감언이설로 국민들을 속이고 있다.

북한은 살기 좋은 나라이고, 남의 도움 없이 자국민의 손으로 정부를 조직한 자유로운 나라이며, 누구나 살기에 넉넉한 땅을 가지고 있고, 좋은 집과 넉넉한 음식과 옷을 가지고 있다. 남한에 쌀 기근이 있는 것은 미국 제국주의자들이 한국의 질 좋은 쌀과 쌀로 만든 술이 얼마나 좋은가를 알게 되어 이 모든 것을 미국으로 가져가서 그런 것이다. 지금 미국에서 한국으로 가지고 들어오는 쌀, 밀가루, 기계, 비료, 옷 기타 생필품들은 미국에서 쓸 수 없는 허드레 물건으로 한국에 비싼 값으로 팔고 있는 것이다.

한국인들은 세계에서 가장 위대한 붉은 군대를 두려워 할 것이 없다. 붉은 군대는 제2의 해방을 위해 북에서 기다리고 있다. 미군이 소련의 선한 의도를 이용하여 남한을 점령했을 때 붉은 군대는 1945년 8월에 일본 군인을 소탕하고 제1차 해방을 완성했다.

그러나 미군이 소련을 이용하는 이런 일이 다시는 일어나지 않도록 소련도 이제는 방관하고 있지는 않을 것이다. 이남은 북쪽의 연합군대가 밀고 들어와서 24시간 안에 미군을 바다로 밀어낼 날이 올 것이다.

그날에 충성된 자들은 보상을 받을 것이며 모든 '인민'의 적들은 파멸될 것이다. '아버지 나라'(소련)에 반역하는 적들을 철저히 조사해서 명단을 기록해 놓아야 하며, 이들을 숙청해야 하고, 그들의 재산을 몰수해야 하며, 충성된 자들에게 이 재산을 분배해야 한다.

이런 감언이설에 대한 한국인들은 세 부류의 반응을 보이고 있다.

첫째 부류는, 소련의 선전에 넘어간 사람들로 공산정권 하에서는 모두 잘 살 수 있다는 그럴듯한 약속을 믿고 있는 20% 정도의 사람들이고, 둘째 부류는 국민들의 대부분을 차지하는 중도파 사람들로 이제는 소련이 주인으로 바뀔지도 모른다. 미국은 솔직히 소련이 한국을 쳐들어온다면 그들을 저지할만한 충분한 군사력을 가지고 있지 않다. 그럴 경우 좋거나 나쁘거나 간에 우리들이 어떻게 공산치하에서 살 수 있을 것인가를 생각해 보는 것은 현실적인 일이다.

이렇게 생각하는 사람들이다. 그리고 세 번째 부류는 공산주의에 반대하고 앞으로 어떤 어려움이 닥친다할지라도 이에 맞선다는 입장을 취하는 사람들로 이런 쪽에 속한 부류는 주로 기독교인들이다.』

이상이 인돈이 발표한 〈한국의 국제 상황〉의 요지였다.

이런 복잡한 정세 가운데 1948년 2월 24일 순천에서 열린 특별 임시위원회에서는 혼미한 정국과는 관계없이 특별히 남장로교 선교회가 한국에 고등교육기관을 세우는 일을 집중 논의하게 되었다. 이것은 한국 지역사회의 요청에 의한 것이었다. 해방과 함께 교회가 팽창하고 노회는 힘을 얻게 되었다.

그리고 각 지방 노회가 새로 문을 열게 된 중학교와 고등학교를 맡아 운영하였다. 광주의 수피아 학교는 선교사의 전후 조사단이 도착하기 전에 벌써 동문들에 의해 개교 하고 있었다(1945년 12월 5일). 숭일남학교도 졸업생에 의하여 문을 열었는데 초대 교장은 기독교인이 아니었다.

이런 중·고등학교 뿐 아니라 교세가 확장되자 교회의 책임을 맡을 전도사 때문에 여기저기서 노회가 관리하는 성경학교가 난립했다. 그러나 대부분 재정난 때문에 선교부에 재정 원조를 요청하고 있는 형편이었다. 또 어떤 교회 지도자들은 교회의 재정난을 선교부를 상대로 하지 않고 직접 미국에 있는 교회에 지원을 호소하기도 했다. 이에 선교부는 회의를 통해 다음

대학설립 특별임시위원회 위원들, 좌로부터 타요한, 조요섭, 구바울

과 같은 성명서를 냈다.

> ……국내 교회는 현지 선교회와 교섭해야 하며 직접 미국 교회와 교섭해서는 안 된다. 우리가 현지에서 선교회를 가지고 있는 이상 선교회의 집단적 실체와 판단과 권위는 인정되어야 한다.

이렇게 팽창하는 학교와 교회에 대해 선교회로서도 분명한 태도를 밝힐 필요가 있었다. 한편 고등교육기관을 세우는 일은 적극적으로 검토하도록 해외선교위원회에서 한국 선교회에 오래 전부터 요청해 온 일이었다. 뿐만 아니라 이 문제는 선교사 자신들의 자녀교육을 위해서도 호남 지방의 교육중심지가 있어야 한다고 생각하고 있었던 때였다.

어떻든 이 임시 위원회에서는 두 가지 중요한 일을 결의했는데, 첫째는 한국의 교육선교 중심지로 대전에 선교부를 설립하는 가능성을 미국 선교위원회가 고려해 줄 것과, 둘째는 이를 위해 그곳에서 세 사람의 교수요원을 보내줄 것을 제청하였다. 동시에 대한예수교장로회 총회에 '미 선교부는 한국에 고등교육기관을 세울 것을 고려 중에 있다고.' 알리었다. 이 때 교육 전문가인 인돈은 대학실립특별임시위원회의 위원장이었고 그 밖에도 타요한, 조요섭 부부, 그리고 예수병원 원장이던 구바울이 위원이었다.

미국 선교본부가 이렇게 적극적인 태도를 보인 것은 1907년 8월 13일 내슈빌의 해외선교집행부에 노스캐롤라이나의 그린빌에 사는 그레이엄(C.E. Graham) 부부가 한국에 남장로교 대학을 세워달라고 만 불의 희사금을 내 놓은 일이 있었기 때문이었다.

1948년 5월 27일 전주에서 열린 전후 제2차 한국 선교부 연차대회에서는 일주일에 걸쳐 주로 대학을 세우는 일에 대해 논의하게 되었다. 회의 전에 호남에 있던 교회 지도자들과 장시간에 걸친 청문을 하였다.

전북노회를 대표하는 삼례교회의 정기환 목사는 기독교대학은 전주에 세워져야 한다고 역설하였다. 순천노회에서 참석한 김상권, 나덕환, 김형모 목사 등은 순천에 대학이 세워져 한다고 주장했다. 2년 전 총회장을 지낸 배은희 목사는 선교부가 총회가 하고 있는 '마을마다 1교회 운동'을 지지해 주고, 요지에 중학교와 신학교 그리고 기독교 대학을 설립해 줄 것을 요구했다. 드디어 6월 3일 마지막 청문 일에 전남 노회의 4대표들이 광주에 대학을 세워줄 것을 요청하였다.

분명히 선교사들과 한국 교회들은 대학을 세우는 데는 의견의 일치를 보았지만 어디다 세울 것인가 하는 것에 대해서는 다양한 의견들을 보였다. 긴 토의 끝에 대학위원회는 미국 선교본부에 대학 설립의 허락을 요청하였다. 그 계획에는 다음과 같은 것들이 포함되었다고 서의필 박사는《한남에서의 나의 삶》[24]에서 말하고 있다.

1. **목적 :** 미국에 있는 기독교대학을 모델로 문리대를 설립하되, 그 목적은 기독교 지도자, 교사 및 미래의 목사를 양성하는 것으로 한다.
2. **업무의 수행 :** 이 업무를 효과적으로 수행하기 위하여 노라복, 인돈, 조요섭, 구바울을 대학위원으로 구성한다.
3. **운영주체 :** 5개 한국노회를 대표하는 위원회의 건의에 따라 당분간 대학의 운영은 미국 남장로교 한국선교부가 책임을 진다. 다만 대학위원회는 5개 노회를 대표하는 위원회의 자문을 받기로 한다.
4. **지도자와 인력지원 :** 김아각 박사를 안식년이 끝나는 대로 대학 개교를 돕게 하되 그가 오기까지 유화례 선교사가 대학위원으로 그를 대신한다. 김아각 박사 외에 물리 · 화학에 한 사람, 생물에 한 사람, 수학에 한 사람의 교육 선교사도 보내 줄 것.
5. **예산 :** 1949-50년도의 예산은, 기존 선교부를 위한 예산 60,000불에 추가로 대학을 위한 예산 25,000불을 더해 줄 것.
6. **대학의 위치 :** 대학 설립을 위한 모든 조건이 충족되는 경우, 광주를 대학을 세울 곳으로 하되 조건이 충족되지 않을 때는 전주를 차선의 장소로 한다.

24) Hannam In My Life, 1992, 대학출판사

선교부의 대학설립 준비 작업은 교육 전문가인 인돈이 중심이 되어 계획적으로 진행 되고 있었다. 그러나 갑자기 인돈의 건강이 나빠져 그는 1948년 7월 부인과 함께 미국으로 수술을 받으러 가야 했다. 그의 건강은 2년 전부터 서서히 나빠지고 있었으나 그는 전혀 내색을 하지 않고 있었다.

인돈 부부는 한국을 떠난 지 4개월 만인 10월 26일 군용기 편으로 서울로 돌아왔다. 서울에서 이리(익산)역으로 오고 다시 차를 타고 전주로 돌아왔다. 그가 떠나기 전 기전 여학교가 복교되자 일본 신사가 있었던 자리를 허물고 새로운 건물을 짓고

대한민국 정부수립 선포식

있었는데(신흥학교 졸업생인 장평화 교장의 회고에 의하면 일본 신전의 본존이 있던 곳은 변소를 만들었다 함) 이 일이 궁금하여 인돈은 병중에도 학교 건설 현장을 먼저 들러 돌아보고 집으로 갔다. 그는 그렇게 책임감이 강한 사람이었다.

그가 귀국했을 때 한국은 더욱 혼란스러웠다. 그가 귀국하기 얼마 전인 10월 19일, 인돈이 예감했던 대로 14연대에 소속한 남로당 장교가 중심이 된 여순 사건이 일어나고 무수한 사람이 학살되는 참상이 빚어졌기 때문이었다. 한국으로 돌아온 것이 기쁘다는 것을 빼놓고는 앞으로 얼마나 더 많은 변화가 일어날지 알 수가 없었다.

남한은 8월 15일 광복 제3주년을 맞아 '정부수립 선포식'을 거행함으로써 제1공화국인 이승만 정권이 출범되었고, 북한도 9월 9일 단독 정부를 수립하고 있는 실정이었다. 그러나 인돈은 미국의 전형적인 실용주의자였다. 어떤 환경에서든지 자기의 역량을 넘는 일을 하지 않고 교육선교사로서의 역할만을 충실히 이행했다. 공산주의의 침투를 막고 이 나라를 안전하게 지키는 일은, 오직 국민이 무지에서 깨어나도록 교육하는 일과 하나님을 믿는 신앙으로 무장하는 일밖에 없다고 그는 생각하고 있었다.

이듬해 1949년 2월 14-15일 바로 광주에서 특별임시위원회가 열렸다. 여기에서 그들은 광주에 대학을 세우는 것과는 별도로 대전에 교육중심 선교부의 부지를 구입할 것을 결정하고 미국 본부에서 허락이 떨어지는 대로 인돈과 타마자[25] 목사를 토지 구매 협상대표로 위촉하기로 했다.

명예 박사학위를 받은 인돈 학장

1949년 5월 26일 광주에서 열린 전후戰後 제3차 연차대회에서 인돈은 타마자 및 타요한과 함께 대전에 선교사 주거지와 교육시설 및 새 선교부를 설립하는 데 충분한 땅을 매입하도록 전권을 위임받았다.

이듬해 1950년 2월 2일 특별임시위원회가 목포의 조하파 목사의 집에서 열렸을 때 타마자 목사는 미국으로 귀국해야 했기 때문에 타요한으로 그 자리를 대신하게 하고 인돈은 부이사장을 맡기로 하였다.

6 · 25 전쟁이 일어나기 바로 전, 1950년 6월 21일 저녁때에 전후 한국 선교부 제4차 연차대회가 전주에서 열렸다. 먼저 대학 설립 문제와 서울에 숭실대학을 재건하는 문제가 대두되었다. 선교 부지를 확보하는 데 큰 도움을 준 박기영 씨와 장로교

25) 타마자는 일제하에서도 법인을 만들어 선교부 재산을 지켰으며 제2차 전쟁 동안에도 철수하지 않고 감옥에 갔던, 선교부 재산에 대한 전문인.

총회 총회장을 지낸 이자익 목사가 대전에 교육 중심의 선교부를 속히 설립할 것을 청원하였다. 이 모임은 6월 30일(금) 인돈의 설교를 끝으로 연차대회를 마치기로 되어 있었다. 24일 교육 위원으로 있던 인돈 부부와 유화례는 중 · 고등학교의 운영원칙을 정하여 토의했는데 인돈이 주가 되어 내놓은 방침은 다음과 같이 매우 보수적인 것이었다. 여기에서 초기 미션 학교의 운영정책을 볼 수 있다.

〈교육위원회 보고서〉

우리는 교회 지도자를 기르기 위한 기독교 학생을 훈련하는 데 선교부의 교육방침을 재천명한다. 이 교육 목표를 완수하기 위해 학교는 아래 필수 조건을 지켜야 한다.

1. 학교는 주간학교나 야간학교 할 것 없이 선교부에서 허락한 규정에 따라 노회에서 임명한 이사들에 의해 운영되어야 한다.
2. 모든 교사는 품행이 단정한 세례교인으로 선교부의 허락을 받아야 한다.
3. 성경을 가르치는 것과 채플에 참석하는 것은 필수이다.
4. 건물과 재산은 주일에는 세속적 목적으로 사용될 수 없다. 또한 학생들도 이런 세속적 활동에 주일날 참석할 수 없다.

• 위 조건이 충족되지 않으면 선교부의 어떤 소유물을 학교에 대여하거나 이런 활동에 보조하는 일도 해서는 안 된다.

chapter 12

모든 것을 잃게 한 6 · 25 전쟁

1950년 6월 25일, 연차 대회에 모인 선교사들이 막 저녁 성찬식을 끝내고 있을 때였다. 예수병원의 구바울 박사가 황급히 뛰어 들어왔다. 북한 인민군이 38선을 넘었다는 것이었다. 동시에 미 대사관은 군 연락망을 통해 선교사들이 하루 빨리 일본으로 대피해 줄 것을 권고했다. 전면전이 될지도 모른다는 것이었다. 26일에는 정식으로 일본으로 대피하라는 지시가 내렸다. 그 때 남장로교 선교사들은 아이들을 포함해서 약 60명 정도였다. 일본으로의 철수는 실제로 29일 목요일에야 시작되었다.

오후 1시 30분쯤 50명이 텍사스 갤베스톤항에서 온 레티시아 라이크스(Letitia Lykes)호를 타고 후쿠오카로 출발했다. 철수하지 못하고 한국에 남겨진 열 사람은 자원했거나 아니면 선교지의 마지막 마무리를 위해 임명된 사람들이었다. 그 중에 인돈 부부도 끼어있었다. 그는 가능하면 전주를 떠나지 않을 생각이었다. 그들이 떠나는 것은 고난 받는 한국인을 버리고 자신들의 안위를 위해 떠나는 것으로 생각되었기 때문이다.

인돈은 끝까지 미국이 한국을 포기하지 않을 것을 믿고 있었다. 25일 북한 인민군이 남침했다는 소식을 듣고도 이튿날 오후에 있는 기전 여학교의 음악회에 참석했으며 밤에는 유서백[26] 선교사의 추도예배도 드렸다. 6월 27일, 대부분의 사람들이 순천 또는 광주를 거쳐 부산으로 대피하는 것을 도왔으며 28일에는 인민군 탱크가 서울을 포위했으며 전황이 좋지 않다는 소식을 듣고도 철수할 생각을 하지 않고 있었다.

마침내 서울이 함락되고 북한인민군이 수원까지 내려오고 있다는 소식이 들렸지만 인돈은 미군이 군산에 상륙했다는 소식을 듣고 탈환의 희망을 잃지 않았다. 들려오는 소식은 종잡을 수가 없었다. 미군이 대전 북방으로 진군하고 있으며, 많은 폭격기가 미국 캘리포니아 주를 떠나 한국으로 오고 있다고도 하고, 미군이 북한인민군을 북쪽으로 몰아내는데 많은 미군 탱크가 사용되었다고 하며, 미군 낙하산 부대가 38선 근방에 투하되어 곧 서울에 진입할 것이라고도 했다.

그러나 한편 이와 반대 되는 소식은 북한군이 천안까지 내려와서 곧 대전에 밀어닥칠지도 모르니까 후퇴할 준비를 해야 한다는 것이었고, 또 더 놀라운 소문은 7월 12일 오후에는 이리(익

26) 1907년 신흥학교 초대교장

산)가 폭격을 당해서 200명가량의 사람이 죽었는데 호주 비행기가 이리를 영등포로 착각하고 폭격을 한 탓이라는 어처구니없는 것이었다. 7월 14일 오후, 학교는 휴교를 하고 인돈의 가족은 마지못해 7월 16일에 부산으로 철수하기로 했다. 6·25 전쟁이 발발한 지 만 21일째 되는 날이었다. 학교는 7월 14일에 휴교를 했지만 이미 그 전부터 남학생들은 학도의용군으로 차출 당하였다.

짐을 쌌다가 다음날에는 그 짐의 일부를 풀곤 하며 살아가는 형편이었던 전주 식구들은 느닷없이 내려진 철수 결정으로 부산하게 움직였고 이를 본 한국 사람들도 부랴부랴 피난 준비를 하기 시작했다. 그들은 매일 인돈이 살고 있는 높은 언덕 집에 불이 켜져 있는 동안은 안전하다고 생각하고 있었다. 즉 인돈은 그들의 앞길을 인도하는 목자였던 것이다. 그러한 인돈이 떠난다는 소문이 나자 그들도 시골 친척들을 찾아갈 생각이었다.

목포에 내려갔다가 올라온 구바울 박사가 북한인민군이 공주에서 강을 건너 지금 논산으로 진군하고 있다고 하는 소식을 전하자 모두 허겁지겁 정신이 없었다. 그들은 두 대의 지프차와 트레일러로 다음날 아침 일찍 전주를 떠나서 하루 종일을 달린 뒤 밤늦게 부산에 도착하였다. 도착하고 보니 타이어 하나가 거의 망가져서 펑크 직전이었고 차의 완충장치인 용수철 하나도 이미 부러져있었다.

그들은 하나님의 은혜로 무사히 도착한 것을 감사했다. 그곳에서는 최의손[27]의 친절한 환대를 받았다. 그는 마침 커다란 일본 주택을 가지고 있어서 인돈의 일행들에게 흔쾌히 빌려 주었다. 2층에 침실 세 개가 있고 거실이 있으며 아래층에는 주방과 다른 방들이 있었는데 여기서 인돈을 따라 온 사람들 열다섯 명도 함께 살았다. 그런데 한 가지 아쉬운 점은 화장실이 하나뿐이란 것이었다. 이 북새통 속에서도 이층에서는 주일예배를 드렸으며 인사례 부인은 그곳에서 성경공부 모임 활동으로, 구제품을 배급하고 있는 권세열 씨와도 사귀었고 메리(Mary Belle)와 함께 육군 후송병원에 가서 그 곳 적십자 요원들을 돕기도 했다.

인돈은 세 군데의 전차대대를 순회하며 군인들에게 설교를 하였고 나중에는 가까운 데에 있는 해병대뿐만 아니라 한국 군인들과 포로수용소에까지 하루에 세 번씩 설교를 하고 다니느라고 분주했다. 그런 가운데에도 신흥학교의 졸업생인 김홍전을 배려하는 편지를 본국의 아들에게 보냈다. 그는 전후 제3차 연차대회 때(1950년) 인돈이 추천해서 뽑은 한국 유학생이었다. 그의 편지의 일부는 다음과 같다.

27) 북장로교 의료 선교사로 1923년 부인과 함께 내한하여 평북 선천의 미동병원의 원장으로 있다가 1940년에 일시 귀국하고 해방 후 독립장로교 선교사로 내한해서 부산에서 활동.

전주에 있을 때 선교사촌 언덕의 서쪽에 살고 있던 학생이었는데, 제네바에서 열리는 모임에 참석하기 위해 떠났다. 그는 그 회의가 끝나면 미국으로 갈 것이다. 교회에서 준 돈으로 여행을 하고 있고, 리치먼드와 디케이터에 들릴 것이다. 디케이터에 오게 되면 그를 브레들리(Dr. Bradley) 박사와 리차드(Dr. Richards) 박사에게 데리고 가거라. 나는 이 젊은이가 콜롬비아 신학교를 일 년이나 이 년 다니게 하고 싶다. 부디 그를 잘 돌보고 그에게 친절하게 해라. 그는 선택받은 영혼을 가진 젊은이이다.

虛庵 김홍전 박사

김홍전은 후에 유니언 신학교에서 박사학위를 받고 1957년에 귀국 동년 9월에 대전기독학관(현 한남대학교 전신) 이사회 및 학장 고문 자격으로 대학에서는 학감(provost)이라는 명칭으로 인돈 학장을 도와 활동한 사람이었다.

1950년 9월 28일 인천상륙작전으로 서울이 탈환되고 전세가 호전되자 인돈은 전주로 돌아갈 계획을 세우고 있었다. 인돈은 피난민에게 먼저 배를 주선해주었다. 그들은 하루바삐 고향으로 돌아가 더 추워지기 전에 남아있는 곡식이라도 추수를 해야 했기 때문이었다.

그리고 그 자신은 군인들의 호송을 받으며 10월 8일 정오쯤 전주에 도착했다. 건물은 그런 대로 괜찮았지만, 전기 기구와 문고리, 유리창 등은 다 부서지고 가구는 남은 것이 없었으며 침대도, 커튼도 성한 것이 하나 없었다. 그러나 피난을 가지 않은 가정부들이 부엌살림 기구들을 보관하고 있어서 우선은 조리하여 먹을 수가 있었다. 하지만 이런 손실은 피난 가지 않고 남아있던 사람들이 겪은 고초에 비하면 아무 것도 아니었다.

그들은 산과 들에, 혹은 집에 숨어 살면서 너무나 많은 고생을 했다. 인민군이 주둔하고 있는 동안 교회 지도자들뿐만 아니라 선교사와 알고 지낸 사람들은 모두 그들 북한인민군의 증오의 대상이었다. 인사례 교장의 어학 선생은 북한인민군이 북으로 철수하는 마지막 날 총살당했다. 그들은 유엔군이 곧 도착한다는 소식을 듣고 물러나기 전 이틀 동안(9월 26-27일)에 많은 사람을 살상한 것이다. 죽임을 당한 사람들은 총살당한 것이 아니라 괭이와 죽창과 삽으로 참혹하게 찔려 죽었다.

기전학교는 이미 포로수용소로 변해 있었다. 이렇듯 어쩔 수 없는 상황으로 인돈은 학교 문을 열지 못하고 피난 전보다 더 자주 시골 교회로 설교를 나가야 했다. 시골의 작은 교회, 특히 북한인민군에 의해 피해를 받은 교회들을 다니며 설교하고 위로했다. 그런 곳에는 그때까지도 빨치산이 나타나는 실정이었다. 인민군이 목사들을 다 모이라고 해서 총살한 곳이기도 했다.

목사 가족들은 다리 밑에서 굶주리며 살았고, 많은 기독교인들은 땅굴을 파고 숨어사는 형편이었다. 이 때문에 시골에서 살지 못하고 많은 사람들이 전주로 피난 왔는데 그들은 또 끊임없는 남한 경찰의 감찰과 심문으로 고통을 받아야 했다. 부역을 했느냐 안 했느냐 하는 문제로 경찰은 그들을 또 다시 고문하고 괴롭혔다.

유엔군이 함흥을 공격하고 길주를 탈환하며 공군이 신의주를 맹폭하는 동안, 전주에 있는 병원에도 두 사람의 의사가 일본에서 돌아왔고, 간호사와 의료 기술자가 있어서 우선 개원하였다. 그러나 1951년 1월 1일 중공군 6개 군단이 38선에서 공격을 개시하고 3일에는 30만 서울 시민이 얼어붙은 한강을 건너고 정부가 또 부산으로 이전하게 되면서 정국은 다시 뒤바뀌었다. 3일 밤 11시만 하더라도 라디오 뉴스는 중공군을 서울 북방 8마일에서 저지하고 있다고 했는데, 서울에 있는 미 대사관은 이미 부산으로 옮긴 뒤의 일이었다.

이 엇갈린 뉴스 때문에 병원은 4일 문을 닫고 직원들이 떠나서 전주에 남은 선교사는 또 다시 인돈 부부 두 사람뿐이었다.

부산과 제주는 벌서 피난민이 넘쳐난다는 소식이었다. 인돈은 5일 철수 명령을 받고 아내 인사례 부인만 부산으로 보내고 자신은 전주에 남았다. 그는 이렇게 동란 중에도 한국을 버리지 못한 선교사였다.

인돈은 그 와중에 초임지였던 군산에 들렀는데, 아마 군산의 학생들이 인돈의 회갑연 이야기를 했던 것이 아닌가 생각 된다. 다녀와서 1951년 1월 14일에 미국에 있는 아들에게 전쟁에 대한 소감을 쓴 편지의 내용은 다음과 같다.

… 지금 세계 여러 나라에서 온 유엔군에 속한 군인들은 그들이 왜 여기에 와 있는지, 한국을 정말 구할 필요가 있

1·4 후퇴 때 얼어붙은 한강을 건너는 피난민들

는 것인지, 생명을 걸만한 가치가 있는 곳인지 확신이 없는 상태다. 그러나 이곳 많은 국민들은 지난 여름에 공산당의 학대를 받았으며 지금은 더 이상 그 일을 견뎌낼 수 없다고 생각하고 있다.

아들과 부모와 아내와 남편과 집, 이 모든 것을 잃어버렸다. 그래서 많은 사람들이 다시 그런 일이 닥친다면 차라리 죽는 것이 낫다고 생각하고 있다. 들리는 소문에 의하면 어떤 가족은 만일 그런 일이 다시 생긴다면 다 죽을 생각으로 가족 전체가 먹기에 충분한 독약을 숨기고 다닌다고 한다. 그뿐 아니라 이곳에는 피난민 천지이다. 등에 아이를 업고 눈과 얼음길을 뚫고 피난 온 사람들이 많다. 38선 이북에서 내려온 사람들이 의외로 많다. 그들은 5년 이상을 공산당 치하에서 살다가 자유를 찾아 가진 것을 다 버리고 온 사람들이다. 많은 지방민들은 그들이 가진 것들을 이미 다 팔고 지난여름의 시련을 피해서 갈 수 있다면 어느 곳이라도 가려고 필사적이다.

나는 어제 군산에 있었는데 이미 길을 찾아 떠난 200명가량의 사람들을 만났다. 그들은 안전한 곳을 찾아 떠나려고 배편을 찾고 있었다. 이 모든 혼란은 경쟁적인 국제 정세 때문이다. 한국은 오직 국제 정치의 담보물에 불과하다. 이 혼란이 끝나면 이 불쌍한 작은 나라에는 무엇이 남겠는가? 유엔군이 한국에서 완전 철수할 수밖에 없다고 한다면 이 모든 피난민들은 어떻게 될 것인가? 한국 사람들은 공산당들이 그들을 대량 학살하리라고 생각할 것이다. 아니면 그들이 공산주의자들을 학살해야 할 것이다. 사람 죽이는 것이 상습적인 일이 안 된다고 누가 장담할 수 있겠는가?

정전을 하고자하는 유엔 정치위원회의 노력이 성공한다면 어떤 해결책이 나올 수 있겠지. 그러나 현재로는 거의 희망이 안 보인다. 미국은 지금 소련과 맞설만한 어떤 준비도 되어 있지 않으며 그런 준비가 되기까지는 소련이 세계대전을 일으키지 않도록 어떤 종류의 임시 협상이라도 할 태세로 있는 것으로 안다.

유엔 정치위원회에서 제출한 정전안停戰案은 중공에서 거절되고 한국 정부도 원하는 바가 아니었다. 서울 탈환 작전은 계속되고 쌍방에서 서로 죽고 죽이는 싸움은 계속되었다. 1951년 2월 11일 거창에서 양민을 공비로 오인하고 600여 명을 국군이 살해한 일도 있었다.

1951년 8월, 인돈은 안식년을 맞아 본국으로 떠나게 되어 있었는데 동족끼리 싸우고 죽이는 이 상황에서 어떻게 해야 할지 그냥 본국 해외선교부의 지시를 기나리고 있을 뿐이었다.

chapter 13

회갑잔치

인돈의 생일은 1891년 2월 8일이다. 그래서 만 60세가 되는 1951년 2월 8일은 그의 회갑 날이었다. 그러나 1·4 후퇴로 서울을 내어준 뒤 불안에 떨고 있는 그 상황에서 인돈의 회갑이 거론 될 수 없는 실정이었다. 군산의 영명학교 졸업생들이 회갑연을 거론했다 할지라도 인돈은 극구 사양했으리라 생각된다. 그러나 동방예의지국의 한국 국민들이 어찌 인돈의 평소 은혜에 보답하지 않을 수 있겠는가? 아직 서울은 수복하지 못하였지만 중공군의 제 3차 공격 이후로는 유엔군의 반격이 시작되어 남한이 우세하게 조금씩 전황을 회복하고 있었고 한강-양평-원주-제천-영월로 이어지는 동부전선은 점차 북진될 것으로 믿고 있었다.

이러한 상황에서 군산의 영명학교 동창회가 주도한 인돈 회갑연은 아직까지도 여기저기서 '공비'가 출몰하는 군산에서 치러지게 되었다.

인돈 교장의 회갑 축하연의 알림장은 군산의 영명학교 동창회에서 만들었는데 일시는 1951년 2월 28일 오전 11시, 장소는 구암동 예수교 예배당으로 정하여 배부하였다.

그 때 각계에서 보내온 축사가 쇄도했었는데 인돈이 우리나라 백성들을 얼마나 사랑했는가를 보여주기 위해 그중 두 편만 여기에 싣는다.

여산교회 당회원이 보낸 축사

백발은 영광의 면류관이외다. 귀하의 과거 육십 평생은 주님을 위해 수고하신 표징으로 누른 머리가 백발이 되셨나이다. 남은 생활도 주님을 위하여 호호백발 되기까지 장수 강령하소서. 특별히 귀하의 백발은 우리 조선 교회를 위하여 수고하신 표징입니다. 앞으로 우리 민족과 교회를 위하여 호호백발을 이루소서. 그리하시어 주님 앞에 썩지 아니할 영광의 면류관을 약속하소서.

1951년 2월 8일(일부러 정확한 생일을 기록한 듯)

여산교회 당회원 일동 올림

전주 서문외교회 전희문(집사, 53년에 장로장립), 최귀례(집사)의 축문

하나님의 크신 사랑이 우리 민족 위에 미치사 지금으로부터 사십 여 년 전 아버지의 사랑하시는 종 인돈 목사님은 주님의 사명을 받으시고 자기의 화려한 고국산천과 정든 부모형제를 버리고 청파만리 이역하늘의 험산준령을 넘어서 이곳에 오셔 왜적으로 하여금 짓밟히고 그 손에 사로잡혀서 메말라 시드는 가련한 우리 민족을 살리시고자 당신의 일생을 복음운동과 교육사업으로 오늘까지 진력하시며 밤낮 갖은 고생을 하시면서도 때로는 한숨과 눈물로써 악전고투하시기에 그 얼마나 괴로우셨던가요.

우리가 받은 은혜를 생각하면 한이 없고 말로 다 어찌 형언하리요. 제일 가까운 한 가지 예로는 지난 6.25 사변과 금번 다시 중공군이 이 강산에 침입한 후 우리 민족들은 어떻게 하였던가. 갖은 공포와 낙망 중에서 인심은 극도로 악화하였고 사람들은 저 혼자만 살아보겠다고 각처로 피난보따리들을 싸가지고 날뛰었던 것입니다.

그러나 이 때에도 목사님께서는 엄연히 앉아 계시면서 더욱이 미국 대사관으로부터 속히 피난하라는 명령을 받으면서도 "나는 갈 수 없다." 하시며 귀한 당신의 생명이 위태한 자리에 있음에도 불구하시고 가치 없는 우리 생명을 살리시

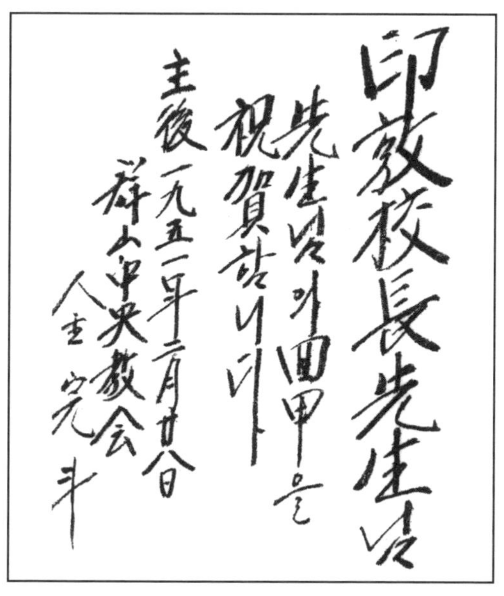
印敦校長先生님
先生님의 回甲을
祝賀합니다
主後一九五一年二月廿八日
群山中央教会
金完井

고자 그 얼마나 염려와 수고를 하셨던가요. 생각하면 저희들은 감사하며 부끄러운 것뿐입니다. 소돔과 고모라 땅은 의인 열 명이 없어서 멸망을 당하였지마는 우리 전주에는 목사님과 같은 주님의 의로운 종을 모셨기 때문에 금번의 환란을 면하고 무사히 살아난 줄 확실히 아나이다.

목사님! 저희들이 바라옵기는 앞으로도 우리 국가와 민족을 위하여 영원히 함께 계셔 주신다면 이 이상 행복이 없겠나이다. 오호라! 세월은 여류하여 목사님께서 처음 이곳에 오실 때에는 늠름한 꽃다운 청춘의 모습으로 오셨건마는 그동안 주님의 사명을 다하기 위하여, 우리들을 위하여 동분서주 하시다보니 어언간 오늘은 육십의 고개를 넘으셨나이다. 그러나 다행이도 목사님께서는 아직도 기력이 강대하시고 용감한 청년의 기상을 우리들 눈앞에 보이시니 대단히 안심이 되오며 주님 앞에 감사를 돌리나이다.

그동안 저희들을 위하여 당신의 귀한 일생을 하루 같이 받쳐 주신 그 위대하신 정신을 우리가 본받아 저희도 분골쇄신하며 나를 이기고 제 십자가를 지고 주님만 따라가겠나이다. 끝으로 목사님 양위분의 존체 안녕을 빌며 오늘의 회갑을 기리 축하하나이다.

1951년 2월 8일

전주서문외교회
전희문, 최귀례 재배

인돈 부부가 회갑연에 선물을 옆에 쌓아놓고 찍은 사진

대전대학 본관 건축 현장, 중앙 흰옷 입은 분이 인돈

미국 노스캘로라이나주에 있는 인돈의 집

인돈 자택을 이용하고 있는 현재의 인돈학술원

| Part 5 |

대전대학교의 설립과 소명

14. 대전기독학관 15. 죽음의 마지막 순간까지 세운 대전대학
16. 지지 않은 태양, 인돈 선교사

어떤 사람의 삶은 태양에 비유할 수 있다. 그들은 우아하고 찬란하게 떠올라서 한낮을 향해 작렬히 빛을 내다가 선명한 영광 가운데 서서히 가라앉는다. 그들이 여기, 이 땅 위에 있는 동안 뿌린 빛과 따스함은 사라진 뒤에도 볼 수 있으며 느낄 수 있다. 윌리암 올더만 린턴(인돈)의 삶이 이와 같다.

William Alderman Linton

chapter 14

대전기독학관

선교부에서 호남지방에 대학을 설립한다는 원칙을 정한 것은 1948년이었으나, 전쟁으로 인해 일이 시행되지 못했다. 그런데 1954년 전주에서 열렸던 전후 제8차 연차대회(5.6 – 5.15)에서 대학 설립 안이 상정되었다. 장소와 학교를 이끌어나갈 정책과 학장을 결정하는 문제였다.

초미의 관심사는 어느 곳에 대학을 세우느냐 하는 문제였다. 광주, 순천, 전주, 대전 등 각 지회는 자기 고장에 고등교육기관이 세워져야 한다고 주장했기 때문이었다. 당시 대학위원으로 있던 서의필 목사의 회고는 다음과 같았다.

> 전주, 광주, 순천, 대전은 다 대학의 위치로서 적절한 곳이었다. 그러나 앞의 세 지역에는 대전에는 없었던 장점이 있었다. 그곳에는 모두 대전보다는 훨씬 많은 기독 신자들

이 있었고, 비교적 오래된 도시였다. 또한 남장로교에서 개척한 호남 교회들의 중심에 가까웠다. 뿐만 아니라 대전을 위해서는 충청 지방에 대학을 세워야 한다고 주장할 대전 선교지회가 당시는 설립되어 있지 않았다. 그러나 비밀 투표를 실시한 결과 대전이 다른 지역을 제치고 유력 후보지로 떠올랐다. 표결방법은 4개 지역 중 표를 가장 적게 얻은 지역부터 하나씩 탈락시켜가되, 마지막에 두 곳을 남겨 놓고 결선 투표를 하는 방법이었다. 투표 결과 첫 번째에 순천이 탈락되었다.

두 번째 투표에서는 전주가 탈락되었다. 선교사 중 인돈은 전주가 교육 중심지이며 신흥학교의 연장선상에 대학이 있어야 한다고 생각했고, 구바울 역시 병원 옆에 대학이 있어야 언젠가는 의과대학도 생길 수 있다고 생각했다. 그러나 전주는 두 번째에서 탈락하였다. 남은 대전과 광주를 놓고 결선투표를 하게 되었는데 문제의 중요성을 생각해서 그날 밤은 어느 곳이건 3분의 2를 얻는 곳으로 한다는 원칙만 정한 후 충분히 기도할 시간을 가진 뒤 다음날 속개해서 투표하기로 하였다. 드디어 다음날이 되었다. 이때에 3분의 2 이상의 득표를 대전이 얻게 되어 대학설립 장소로 결정되었다. 대전이 승마경기의 다크호스(dark horse)로 갑자기 나타난 것이다.

이렇게 해서 대전에 대학이 세워지게 된 것이다. 기독교대학을 이끌 지도자로는 인돈을 임명하고 그에게 대학위원을 지명하도록 위임하니 그는 다음과 같이 결정했다.

인돈(Linton, William Alderman), 의장

조요섭(Hopper, Joseph Barron), 전주대표

유화례(Root, Florence Elizabeth), 목포대표

서의필(Somerville, John Notingham), 목포대표

김기수(Crim, Keith R.), 순천대표, 단 보이열 목사가 오기까지

구바울(Crane, Paul Shields), 병원대표

6월 3일 대전에서 대학위원회를 소집했는데, 서의필, 구바울, 조요섭 등 세 명은 조요섭의 지프차로 아침 6시에 전주를

위치 선정의 현장. 중앙에 손가락질 하고 있는 사람이 인돈

출발하여 대전으로 갔고, 김기수와 배미철은 따로 대전에 왔으며, 인돈 부부는 벌써 대전으로 와서 그들을 기다리고 있었다. 함께 만나 6월 3일 오전 내내 대학을 세울 부지를 놓고 답사하다가 가장 알맞은 땅을 발견했다. 의료 선교사인 구바울은 다음과 같은 인상적인 글을 남겼다.

> 그곳은 남향이었고, 앞쪽으로는 과수원을 바라보고 나직이 경사를 이룬, 아름다운 푸른 논이 깔려 있는 곳이었다. 낮은 구릉 위에는 작은 토담집이 있었는데, 집 앞 나무에 끈이 뒤얽힌 염소 한 마리가 매어 있었다. 우리는 이곳에 대학의 중심이 될 첫 건물인 행정관을 짓자고 결정하였다. 나무에 메어 있는 염소는 덤불에 뿔이 걸려, 이삭의 생명을 구했던 아브라함 이야기를 생각나게 했다. 이것은 새로운 대학의 출발을 위해 좋은 징조였다.

이 토지 매입은 6 · 25 전쟁이 발발하기 전 1949년에 이미 매입했던 것이었으나 당시에는 대학을 건축할 장소로 선정된 것이 아니었다. 그러나 이 땅이 대학의 부지로 선정된 이상 이곳에 각 지역 기독교학교에서 자란 지도자들을 모아 하나님의 뜻에 맞는 고등교육기관을 세워야 한다고 인돈은 생각했다. 즉 전주가 선교회의 교육 중심지가 되어야 한다는 생각을 버리고 대전에서 선정한 위치를 존중하기로 한 것이다. 그는 이 고등교육기관이 다음과 같은, 순수한 기독교 대학이어야 한다고 다시 강조했다.

1. 대다수의 학생들은 기독교인이어야 한다.
2. 대학의 목적은 국가와 교회의 지도자를 양성하는 것으로 한다.
3. 모든 교수와 직원은 교회에서 적극적으로 활동하는 기독교인으로 한다.
4. 성경과목을 필수로 가르치며 채플을 보도록 한다.
5. 대학의 행정을 맡은 사람은 장로와 집사와 안수를 받은 목사로 한다.

이 원칙은 한국 선교회의 소망일 뿐 아니라 미국 교회에서 헌신적으로 또 아낌없이 이 대학의 건축과 운영에 봉헌한 기독교인들의 염원이기도 했다.

대학위원회는 7월 19일, 7월 26일, 그 후로도 수시로 모여 건축에 대한 회의를 했으나 미국 해외선교본부에서 이 일을 추진하라는 명령이 나지 않았다. 인돈은 백방으로 노력했으나 계획대로 허락이 나지 않아 다음 해 봄에는 개교가 어렵다고 생각했다. 그러나 바로 그 무렵인 1954년 9월 16일에 미국 해외선교본부의 브레들리(Dr. Bradley) 박사로부터 허락을 알리는 전문이 왔다.

인돈은 그 다음 달 초 대구로 가서 계명대학을 살펴보았다. 계명대학은 그해 3월 20일 경상북도 지사의 인가로 계명기독학관을 영문과, 철학과의 두 과로 개관하고 있었다. 이어 인돈은 10월 26일 대학위원회를 소집하고 김기수를 정회원으로 임명하고 김형모와 김형남을 1년간 한국 측 자문위원으로 추대하기로 결의하였다. 또한 이 모임에서 학교부지에 붙어 있는 과수원을 매입하기로 결의하고 11월 6일에 25,353평을 추가로 매입했다.

1955년 1월 27-28일에는 대학위원회를 전주에서 소집했고, 이 때 처음으로 한국 측 대표들이 참여했다. 그들은 광주 일신방직의 김형남 사장과 순천 매산고등학교 교장이었던 김형모 박사, 전주신흥학교의 장평화 교장(바로 뒤에 대전 제일교회의 김만제 목사가 보강되었다)이었다. 대학은 10월에 개학하기로 하고 다음과 같은 결의를 했다.

대학명칭 : 대전대학(Taejon Presbyterian College)

개학일시 : 1955년 10월 1일

입학자격 : 세례교인일 것. 남장로교 선교지역 밖에서 오는 사람은 5% 이하가 되게 할 것.

성적관리 : 학섬은 A(93-100), B(86-92), C(76-85), D(70-75), E(60-70), F(60미만)로 하되 졸업에 필요한 학점은 136학점으로 한다.

도 서 관 : 듀이분류법 제15판을 구입하여 쓰기로 하되 국내도서 1,000불(50만 환), 국외도서 1,000불(50만 환), 도서관 장비 500불(25만 환)을 배정한다.

이 원칙에서 보는 바처럼 이 대학은 미국의 정규 4년제 문리과 대학을 꿈꾸고 학교를 시작한 것이 분명했다. 학점 분류 기준도 한국에서는 볼 수 없는 것이었다. 학생들에게, 현 대학의 학점 제도에서 볼 수 있는 것보다 더 높은 수준을 요구하였고 E 학점을 재고 학점이라 하여 한 번에 한하여 재시험을 보고, 새로 학점을 취득할 수 있게 하고 있다.

F학점은 낙제 점수였다. 등급이 오늘 날 기준보다 하나 더 많은 셈이다. 듀이 10진 분류법으로 도서를 정리한다는 것은 미국 도서 분류 제도를 도입하겠다는 의지라고 보아야 할 것이다.

인돈은 대학위원들에게 각각의 업무를 분담시켰다. 본인은 학교법인과 대학설립인가 업무를 담당하고, 김기수는 교과 과정을 만들고 대전에 가서 개교식과 개강에 필요한 최소한의 기본 시설과 설비를 담당하게 하였다. 구바울에게는 학교 건축 설계사를 구하는 일을 부탁했다.

인돈은 계속 그렇게 바쁘게 뛰었다. 그러나 4월말부터 지병이 또 악화되었다. 지난 번 받았던 것과 똑같은 수술을 받아야 했다. 한국에는 그런 수술을 할만한 적절한 장비가 없었으므로 부인 인사례 여사와 함께 일본으로 가서 군인 병원에 입원했다.

그곳에서 수술 경과가 좋아 그 해 6월 중순에는 다시 한국으로 돌아 올 수 있었다. 인사례 부인은 남편인 인돈이 너무 바쁘게 뛰어 다니기 때문에 하나님께서 휴식을 주시기 위해 병원으로 입원시켰다고 했는데 그들은 그렇게 오래 쉬지를 못했다.

인돈은 수술을 마치고 돌아오자 바로 대학을 설립하는 일에 몰두했다. 대전에 적산가옥(광복전 일본인의 집)을 사서 김기수가 먼저 옮기고, 인돈은 전주와 대전의 집을 오가며 일했다. 전주에서 대학위원회를 소집한 인돈은 6월 21일 월요일 저녁부터 22일까지 김기수가 만든 교과 과정을 놓고 하루 종일 토의했다. 7월 6일(수)에는 대전에서 대학위원회를 열고 서울세브란스병원의 개축 공사를 담당했던 건축기사의 조언을 들었다. 그는 장로교 선교부의 일로 중국에서도 오랫동안 일했던 사람이었다.

인돈은 구바울의 주선으로 미국 앨라배마(Alabama) 주에 있는 찰스 데이비스라는 건축기사를 초청해 학교 건물의 설계를 맡겼다. 세계선교에 관심이 많으며 미국 남장로 교회에서 장로로 있던 데이비스는 모교회의 재정적 지원을 받아 수일 동안 서울에 머물면서 한국 사람이 좋아하는 건축 양식과 재료들, 그리고 한국 노동자들의 자질들을 판단하기 위해 여러 종류의 건물들을 살펴보았다.

그리고 대전에 와서 건물이 설 장소를 살펴 본 뒤에 그는 전주로 가서 기초설계를 하였다. 인돈은 그에게 전주의 옛날 자기 집을 내주고, 방해받지 않고 설계할 수 있는 큰 테이블을 마련해 주었다. 데이비스가 2주 이상을 설계에 몰두했을 때 조요섭은 자기 지프로 그의 휴식을 위해 15마일쯤 떨어진 금산사로 그를 데려갔다. 휴식을 위한 나들이였지만, 이는 그가 튼튼한 미국식 건물에 한국식 기와지붕을 올리는 설계를 하는 데 영감을 주었다. 그의 설계는 벽돌 건물에 기와지붕의 건물이어서 후일에 이 건물을 두고 갓 쓰고 양복 입고 다니는 신사 꼴이라고 이야기하기도 했다.

1955년 9월 25일 대학위원회에서는 미국의 전문건축설계사 데이비스가 설계한, 기초 조경계획과 기초 행정관설계 그리고 기초 기숙사설계를 다 그대로 받아들이기로 결의하였고 건축

초대 기독학관 시설, 위는 남자 기숙사

의 우선순위는 강의실, 남자 기숙사, 식당을 포함한 학생관 순으로 하였다.

이 회의에 참석한 위원들은 자문위원을 포함해서 조요섭, 김기수, 구바울, 배미철, 서의필, 유화례와 한국인으로는 김형모, 김만제였다. 대학 개강은 10월에서 다음해 4월로 부득이 연기되었다. 개학에 맞추어 정식 건물을 지을 수 없었으므로 군산 미군기지에서 잉여 물자를 받아오고 4개의 퀀셋 건물을 헐값으로 인수하여 교실과 도서관, 사무실 및 창고로 쓰기로 하였다.

인돈이 대전에 집을 짓고 완전히 이사한 것은 11월이 다 되어서였다. 이 집도 대학과 마찬가지로 지붕은 기와로 이은 한식을 겸한 집이었다. 인사례 부인은 기전 여학교의 교장으로 일본 신사가 있던 자리에 건물을 짓고 있었다. 여자고등학교 인

대전에 새로 지은 인돈의 집

가가 난 것이었다. 일본 신사가 있었던 아름다운 산등성이여서 경치가 좋았다. 여학생들은 기뻐서 체육 시간을 이용하여 학교 밑을 흐르는 시냇가에서 자갈을 날라와 시멘트 건물을 짓는 것을 돕기도 하였다.

인사례는 이 높은 건물이 한국 여성의 지위향상의 상징이라고 생각하고 건물이 완성되어 훌륭한 여성들이 훈련을 받아 크리스천 어머니로 또 한국 교회의 여성 지도자로 성장할 수 있는 요람이 되기를 소원하였다. 후에 이 건물은 '인사례 기념관'이란 이름이 붙었다.

그러나 그 건물도 그때까지 다 완공되지 않았었다. 그래서 인돈이 전주에 가면 기전학교의 건물의 공사를 감독하고 대전에 오면 대전대학의 건물을 감독하는 벅찬 일을 하고 있었다. 인사례 부인은 11월 대전으로 옮긴 뒤에도 후임이 오기까지 기전학교 교장 직을 계속해야만 했다[28]. 대학위원회는 대전과 전주를 오가며 모임을 갖고 있었다.

또한 인돈은 대학설립인가를 받기 위하여 문교부(이하 교육부)와 접촉도 시작했다. 그러나 당시의 시설은 대학설치 기준령에 너무 미달된 상태였다. 따라서 교육부는 남장로교 한국 선교회에, 제반 시설을 갖추어 대학설치 기준령에 충족되어질 때까지 잠정적으로나마 우선 대학에 준하는 4년제 학관을 설립하여 운

28) 1956년 5월까지

영하도록 종용하였다.

1956년 1월 31일부터 2월 1일까지 이틀에 걸쳐 광주에서 모인 대학위원회는 제반 시설이 부족함을 자인하고 우선 교육부가 종용하는 대로 대전기독학관을 설립하여 운영하기로 하였다. 상기 위원회는 대전기독학관은 고등학교 졸업자가 입학하는 4년제 정규대학에 준하는 고등교육기관으로 설립할 것이며, 그 안에 성문학과, 영문학과, 화학과의 3개 학과를 두기로 하였다. 계명기독학관은 영문과와 철학과밖에 없었는데 대전기독학관이 이학계열의 화학과를 포함한 것은, 이 나라가 과학으로 입국해야 한다는 인돈의 평소 교육 철학이 반영되어서였다.

인돈은 재단법인 미국 남장로교 한국선교회 유지재단 대표이사의 자격으로 1956년 2월 5일 교육부장관에게 대전기독학관 설립인가 신청서를 제출하여, 그 해 3월 13일에 인가를 받았다. 이 설립인가서는 충남 지사를 통해 남장로교 선교회에 전달되었다.

이렇게 하여 대전기독학관은 3개 학과에 360명의 정원을 가진 소규모의 고등교육기관으로 이름만 학관일 뿐, 입학자격이나 학사내용이 대학과 같은 수준이고, 설치 기준도 대학설치 기준령에 준거한 학관으로 태어났다.

인돈은 설립인가를 받자마자 곧 신입생 모집에 들어갔다. 사실 2월 5일 인가 신청과 동시에 일부에서는 입학사무를 비공식적으로나마 시작했다. 김기수와 함께 학관의 학칙과 교과과정 등을 작성한 전주의 박주황, 황희영[29] 등은 불원간 학관의 설립 인가가 나올 것으로 확신하고 학관의 임시 연락처를 전주신흥 고등학교에 두고 교회와 장로교 계통의 고등학교에 장학생 후보를 보내도록 통지를 하고 소속 교회 당회장의 추천을 받아 세례 증명서를 첨부하여 2월말까지 지원서를 제출케 하였다.

대전기독학관은 3월 2일, 전주신흥학교 교장실에서 약간명의 장학생을 서류전형으로 선발하였다. 그러나 대부분의 학생은 3월 26일 입학원서를 마감 하고 3월 27일부터 30일까지 입학시험을 치렀다.

입학을 지망한 학생들은 이 학관이 정규대학으로 인가가 난 것으로 알고 있었으며 대학위원들도 이 대전기독학관은 입학생이 졸업하기 전에 정규 대학으로 허가가 날 것으로 낙관하고 있었다. 그것은 이와 같이 학교를 시작한 계명기독학관이 정규 대학으로 인가를 받았기 때문이었다. 그러나 인가 받는 일을 이렇게 서두른 덕분에 인돈은 큰 어려움을 겪어야 했다.

1956년 4월 9일 인돈은 대학(학관) 인가를 받고 그때까지의 고충을 생각하며 더 없이 기뻐하였다. 그는 4월 10일 입학식에 정부 기관의 관료들, 충청남도나 인접 도의 고등학교 교장들, 그리고 대학 총장들이 참석할 것을 생각하고 기분이 들떠 있었다.

29) 박주황: 후일 전북대 총장, 황희영: 후일 숭전대학 부총장

그러나 대학 교회나 강당이 없었으므로 운동장에서 입학식을 거행하고 우천시에는 인근에 있는 작은 교회를 빌려 행사를 할 생각이었다. 인돈이 기뻐했던 것은 이렇게 시설이 미비한 곳에 대학을 인가해 준 정부가 너무 고마웠으며 이것은 하나님의 은혜라고 후에 친구들에게 편지하며 적어도 한 동의 큰 행정관은 성탄 전에 완공되어야 한다고 덧붙여 도움을 호소하기도 했다.

드디어 4월 10일 대전기독학관의 입학식을 겸한 개관식과 인돈의 관장 취임식이 열렸다. 식장에는 80여 명의 입학생과 7명의 전임 교원이 참석하였고 손님으로는 충청남도 지사와 대전시장을 비롯한 내외 귀빈과 이자익 증경 총회장, 김만제 목사 등 교계 인사 100여 명이 참석하였다.

식장은 미군 부대로부터 기증 받았거나 구입한 퀸셋 교사를 앞으로 하고 철제의자에 손님을 앉게 하였고 입학생들은 땅바닥에 합판을 깔고 앉게 하였으므로 대단히 어설픈 임시 가설 식장이었으나, 식에 참석한 200여 명은 모두 새로운 기독교 고등교육기관의 탄생을 축하하는 마음과 학과의 미래에 대한 기대로 엄숙하였다.

개관식은 대전 제일장로교회 성가대의 찬양과 그 교회의 담임 목사요 학관의 재단이사였던 김만제 목사의 설교, 교학과장 황희영의 경과 및 학사 보고, 그리고 인돈의 취임사로 이어졌다. 충청남도 지사의 축사와 신입생 대표 신인현의 인사, 서무과장 김규동의 광고, 그리고 이자익 목사의 축도로 모든 식을 마쳤다.

6 · 25 전쟁의 혼란이 아직 가시지 않았던 때여서 모든 식전이 마치 개항기의 신학문 학당의 개교식과 흡사한 모습이었지만 모든 형식을 다 갖춘 엄숙한 입학식이었다. 이렇게 하여 미국 남장로교 한국선교회에 의해서 설립된 최초의 고등교육 기관인 대전기독학관이 그 첫 출발을 하게 된 것이다.

입학식을 마친 뒤 인돈은 1956년 한 해 동안 건물을 짓는 일과 대학으로의 정식 인가를 받기 위한 일로 동분서주했다. 1956년 11월 19일과 20일에 인돈은 사택에서 대학위원회를 열었다. 말할 것도 없이 정식 대학인가를 받기 위해서였다.

허허벌판에 입장하는 기독학관의 입학식

이 위원회에서는 4개의 학과로 구성되는 4년제 정규대학의 인가 신청을 충청남도 지사를 거쳐 교육부 장관에게 정식으로 제출하기로 하였다. 인돈은 기독학관 서무과장이던 김규동에게 이 문서를 작성하게 하여 12월 23일 제출했으나, 이듬해 1월 23일 교육부로부터 시설 미비로 대학설립이 불가하다는 회신을 받았다. 정식 대학의 학생이 되게 해 주겠다고 약속하고 기독학관 학생으로 모집했는데 정규대학의 정식인가가 나지 않아 인돈은 매우 초조해 하였다.

5월까지는 교지와 체육장을 정비할 것이며 본관 공사를 마치겠다는 답변서를 교육부장관에게 제출하였으나, 지연된 가운데 먼저 다음해 4월에 본관 헌당식부터 하게 되었다.

인돈은 이 분주한 가운데서도 학장으로 취임하기 위해서는 학위가 있어야 한다고 생각해 1957년 미시시피 주 잭슨에 있는 벨해이븐 대학에서 명예박사 학위를 받았고, 다각도로 교육부 관리들을 접촉하도록 재단이사 라빈선과 김형남, 백낙준, 김활란, 임영신[30) 등을 동원했으나 큰 효과를 거두지는 못했다. 인돈은 본국의 해외 선교본부에 부탁하여 이 일을 위해 특사를 파견해 주도록 요청했다. 드디어 선교본부는 1958년 10월 로이 리크로우(Colonel Roy LeCraw) 예비역 공군 대령을 특사로 파견했다.

30) 김형남: 일신방직주식회사 사장, 백낙준: 연세대 총장, 김활란: 이화여대 총장, 임영신: 중앙대 총장

인돈은 다섯 번째 안식년을 맞아 한국을 비웠다. 그러나 안식년 동안도 그는 미국 내에서 안식년의 전반부를 주로 대전대학(현 한남대학교)일과, 미국 내의 교회 방문의 일로 보냈다. 당시의 대전기독학관은 임시로 인정을 받은 대학이기 때문에 정식 4년제 대학으로 인정을 받는 일이 급선무였다. 마침 리크로우가 한국 전쟁당시 제5공군 부사령관이었던 만큼 이승만 대통령이 이끄는 행정부에 영향력을 미칠 수 있었고, 본인이 장로 직분으로 교회를 섬기는 사람이라서 대학 인가 받는 일에 열성을 다했다.

그는 한국에 오자 라빈선, 김형남, 김기수 등의 협력을 얻어 교육부 교섭활동을 전개했으며 김형남과 함께 교육부장관 최재우를 만나 대전대학의 설립 취지와 목적을 설명하고 아울러 정규 대학설립을 위한 시설 확충에 대해서도 상세히 보고하였다.

기독교인이자 세브란스의과대학 출신 의사이기도 한 최 장관은 대학설립에 깊은 관심을 표시하고 설립인가 문제를 1959년 1월에 모이는 중앙교육위원회에 상정하겠다고 약속하였다. 리크로우는 미국에 있는 해외 선교부 브레들리 박사에게 대전대학 설립활동 보고를 하면서 최재우 장관에게 보낸 서신을 동봉했는데 그 서신의 요지는 다음과 같았다.

1) 미국 남장로교 선교부는 대전대학의 건축 추가기금으로 4만 불, 기

자재와 실험기구 추가기금 등으로 1만 불을 보내겠으며 경험이 있고 유능한 교수요원을 추가로 파견하며, 빠른 시일 안에 도서관을 보강하도록 노력하겠다.

2) 미국의 80만 남장로 교인들은 대전대학의 추이를 주시하고 있으며 대전대학을 위해 이미 상당한 노력을 경주하였음에도 불구하고 대학이 폐쇄되어버린다면 매우 크게 실망할 것이란 점을 환기시켜드린다.

3) 많은 사람들이 최 장관께, 이렇게 급박한 상황 속에서 당신의 힘으로 우리를 도울 수 있는 일이라면 무엇이든지 힘써 주시기를 희망하고 있으며 또 그렇게 믿고 있다.

이런 노력의 열매였는지 1959년 1월 최재우 교육부 장관은 약속대로 중앙교육위원회에 대전대학의 설립 인가 건을 상정하여 승인을 받았다. 그리하여 최 장관은 정식으로 대전대학의 설립 인가서를 교부하였다.

그러나 본국에서 이 기쁜 소식을 받은 인돈은 평생의 소원이던 정규 대학 인가를 받은 기쁨이 사라지기도 전에 3월 11일 다시 급한 전화를 받았다. 당시 인돈은 68세였는데, 65세를 기준으로 한 공직자 정년 제도에 걸려 그는 학장에 임명될 수 없으며 대학의 장이 없으면 대학 허가 조건이 완성되지 못한다는 것이었다.

chapter 15

죽음의 마지막 순간까지 세운 대전대학

기독학관으로 입학시킨 학생들을 정식 4년제 대학생으로 졸업시킬 수 없을 것 같다는 걱정 때문에 서둘러 4년제 정규대학으로 인가 신청을 해서 드디어 〈대전대학〉으로 3년만에 인가를 받았는데 갑자기 자기가 정년제에 걸려 자격요건 미달로 대학 인가를 받을 수 없다는 통보를 받자 인돈은 앞이 캄캄하였다.

이는 그가 안식년으로 아직 미국에 있을 때였다. 3월 중 조지아의 토머스빌에서 약속해 놓은 교회의 방문을 마쳐갈 때였는데 급한 전문으로 당장 한국에 나갈 수밖에 없었다. 그것도 3월 25일까지 대전에 도착해야 하는데 시간이 촉박했다.

그는 그때까지 이행하지 못한 약속들은 전화로 취소하고 다음날 아침 노스캐롤라이나의 거주지인 몬트리트에 돌아왔다. 빨리 비자를 받기 위해서였다. 그런데 비자를 받기 위해서는 우두와 예방접종과 경찰 신원증명서가 있어야 했다. 그는 정신

없이 이 모든 수속을 마치고 1959년 3월 18일 정오에 녹스빌이 있는 테네시에서 우선 샌프란시스코로 가는 비행기에 탔다. 저녁 9시에 그곳에 도착하고 보니 한국으로 가는 가장 빠른 비행기는 20일 것뿐이었다.

그러나 그것은 이미 다 매진되고 없는 상태였다. 24일까지는 동양으로 가는 어떤 비행기도 자리가 없다는 대답이었다. 그는 19일 아침 9시에 항공사를 불러서 최종 순간에 생길지도 모르는 '대기' 좌석을 신청했다. 그날 저녁 '평화의 집'에서 기도 모임을 가질 때 비행기에 빈자리가 생기도록 간절한 심정으로 특별 기도요청을 했다.

다음날 아침 항공사로부터 9시에 자리가 빌지도 모르니 나와서 대기자로 기다리라는 전화가 왔다. 초조하게 기다리는데 25분 전에 비행기 표를 취소하는 사람이 있어 그는 급히 짐과 함께 비행기에 올랐다. 이렇게 해서 24일 저녁에 대전에 도착했는데 하루도 늦어서는 안 되는 바로 그날에 도착한 것이었다. 그는 하나님께서 그의 기도에 귀 기울이셔서 응답해 주신 것을 감사했다.

당시의 큰 문제는 그가 대전대학의 학장이 될 수 있느냐는 것이었다. 한국 정부의 법에 의하면 대통령을 제외하고는 누구나 65세에는 공직을 은퇴하게 되어 있었다. 교육부 장관은 이 법은 사립학교에도 적용이 된다고 말했다. 인돈은 그것이 효과가 있을지 알 수 없었지만 가진 옷 가운데 가장 '젊은 모습'을 보여줄 옷으로 갈아입고 교육부의 윗사람과 아랫사람을 가리지 않고 관련된 인사는 한 사람도 빼지 않고 모두 만나서 간절히 설득했다. 야릇하게도 그들은 이 '늙은 사람'을 만난 뒤에 그를 학장으로 인정하고 말았다.

정식 대학 인가를 받고 나서 더 큰 문제는 대전기독학관이 자동적으로 대전대학으로 명칭이 바꾸어지지 않는 점이었다. 다시 말하면 3학년까지 수료한 기독학관 학생은 학위를 받을 수 없으며 대전대학 1학년으로 입학한 학생부터 학위를 받을 수 있다는 것이었다.

학교에서 고민 끝에 짜낸 안은 첫째 기독학관 학생이 다시 대전대학 1학년으로 재수를 해서 들어오는 경우 학교를 다닌 연한만큼 등록금을 면제하겠다는 것이었으며, 둘째는 군대에 갔다 오면 무조건 해당 학년에 편입을 시켜 주겠다는 약속이었다.

셋째는 원한다면 숭실대학이나 중앙대학의 해당학과에 편입을 시켜주겠으며 그에 필요한 상당한 경비도 보조하겠다는 약속이었다. 그러나 재학생들은 만족할 리가 없었다. 교학과장이었던 김기수 박사와 면담하겠다고 요청해 왔다. '교육은 백년지대계百年之大計'라는데 3년도 바라보지 못하고 학교를 세웠느냐고 말하며 이것은 분명한 사기라는 것이었다. 워낙 분위기가 험해서 누가 병을 던지고 의자를 던지며 고함을 칠지 알 수 없어서 김기수 박사는 대담을 하러 들어갈 용기가 없었다.

과연 분위기는 살벌했다. 그 때 김 박사가 생각해 낸 기지는 한국 사람은 기도하면 조용해진다는 것이었다. 그래서 "다 같이 기도합시다."라고 유창한 한국말로 시작했다.

그러나 그는 한국인이 아니었다. 무슨 말을 해야 할지 알 수가 없었다. 그는 그가 농촌 순회 목회를 하면서 했던 가장 긴 기도를 생각해 내서 기도를 시작하고 그것도 너무 짧은 것 같아 다음 생각 난 긴 기도를 계속했다. 그는 더 이상 기도 내용이 생각이 나지 않아서 할 수 없이 기도를 마쳤는데 신기하게 장내가 조용해진 것을 알았다. 후에 그는 그의 한국어 선생이며 당시의 나이 많은 학생이었던 최남식(후일 고등학교의 교목)에게 그날을 되돌아보며 기도를 중하게 생각하는 기독교 학생들에게 감사한다고 말하며 자기는 그 순간을 '하나님과 함께 의사진행을 방해하던(filibuster) 순간'이었다고 회고 했다.

한국의 새 학기는 4월 1일이지만 기독학관 학생들을 다루는 복잡한 문제들 때문에 입학식은 4월 15일로 연기되었다. 이후 이 날이 이 대전대학의 개교기념일이 되었다.

개교기념 행사는 매우 인상적이었다. 행정 당국과 교회의 많은 귀빈들이 참석했다. 노진현 총회장이 바쁜 일정 가운데도 와서 설교를 했고 많은 내빈들이 축사를 했다.

행사가 끝나고 교수와 내빈들이 현관으로 줄지어 들어올 때 마침 내리기 시작한 비를 보고 총회장은 인상 깊은 말을 했다.

> 결혼식을 하는 기간 내내 비가 올 듯 말 듯하다가 오늘처럼 행사 끝까지 기다렸다 비가 오면 대단한 길조입니다. 결혼은 행복하고 가정이 번창하며 많은 자손을 얻게 된다고 한국에서는 말합니다. … 나는 분명 이 대학의 장래가 매우 밝다고 확신합니다. 하나님의 말씀 위에 세워졌으며, 기독교인만을 받아드리며, 성실한 기독교 교수만 쓰기 때문에 이 대학의 졸업생들은 나라와 교회를 위해 심오한 기여를 하게 될 것입니다.

완성된 대전대학 본관

인돈은 하나님께서 한국에서 그 분을 위한 모든 선교사들의 헌신이 풍성한 열매를 맺으며 미래에 많은 성실한 젊은 기독인 남녀가 이 대학을 나와 한국을 위해 그들의 몫을 다할 것을 기도했다.

인돈은 개교기념 행사를 마치고, 기독학관 학생들의 처리를 마친 뒤 나머지 안식년(안식년 중 급하게 한국으로 돌아 왔으므로)을 미국에서 보내려고 6월 말 다시 미국으로 건너갔다. 다섯 번째 안식년 후반부에 해당하는 그 때, 그는 모처럼 가족들과 함께 행복한 나날을 보냈다. 흩어진 자녀들과 손자들 모두 26명이 몬트리트에서 함께 모여 이틀간을 보냈다. 그 뒤로는 그렇게 많은 가족이 한 자리에 모이지 못했다.

하나님께서 그가 세상을 뜨기 전에 마지막으로 이렇게 많은 가족을 한 자리에 모이게 해 주신 것이었다. 그 해 9월 또 수술을 해야 한다는 진단을 받고 수술대에 오르기 얼마 전 일이었다.

인돈은 1959년 10월 16일 수술한 상처를 안은 채 한국으로 돌아왔다. 한국 교회의 분열이라는 가슴 아픈 문제가 그를 기다리고 있었다. 그는 오자마자 10월 20일 순천의 보이열 목사댁에서 모이는 임시 위원회에 참석했다. 전주, 광주, 목포, 순천, 대전 등지에서 11명이 참석했었다.

각 지회들의 보고와 교육위원회의 학교 행정 및 운영에 대한 정책보고가 있은 후 대전에서 있었던 제44회 대전총회 분열에 대해서 선교회는 이 두 분파가 화해하도록 최선을 다하며, 이것이 하나님이 주신 기회라고 생각하여 한국교회에 공헌하자고 결의하였고, 인돈은 이를 위한 화해 위원으로 임명되었다. 임명된 사람은 인돈과 그의 셋째 아들 인도아까지 합해 여섯 사람이었다.

대한예수교장로회 제44회 총회는 1959년 9월 24일 대전 중앙교회에서 열렸는데 가장 추한 모임이 되었다. 총회 후 10월 25일 기독공보 사설은 이 분열의 원인을 다음과 같이 분석했다.

첫째는 인간을 우상화함이 그 원인이다. 한신(한국신학대학)이 갈라질 때에는 김재준 씨가 우상화되었고, 고신(고려신학대학)이 갈라질 때에는 한상동 씨가 우상화되었다. 그와 같이 우리 대한예수교장로회 안에는 박형룡 씨가 우상화되었다. … 셋째 원인은 당파심이다. 우리 교회에는 N.A.E.[31]라는 단체 하나가 들어왔다. 그 중심인물이 김재준 씨를 배반한 51동지회다. … 이들이 박형룡 박사를 고문으로 모시고 맹활동을 하게 되었다. 43회 때 교권을 장악하였고, 44회 총회 때 혼란을 가져왔다.…

한국 장로교회의 이런 분열 상황에 대해 선교부는 어떤 입장인지 교인들은 알고 싶어 했다. 그래서 선교부의 입장을 10월 1일 임시위원회에서 신중하게 다음과 같이 밝혔다.

31) National Association of Evangelical: 복음주의협회

미 남장로교회 한국선교부의 회원들은 한국장로교 회원들과 목사 및 동료 선교사들에게 우리의 사랑하는 교회 안에서 일어난 통탄할만한 사태에 대해 우리의 견해를 밝히는 바이다.

1. 선교회로서 우리는 여기에 웨스터민스터 신조에 대한 무조건적 충성을 재확인한다.
2. 다수결 원칙에 의하여 경기노회 임시노회 총대들이 합법적 총대라는 것을 인정한다. 따라서 대전 총회는 더 이상 이 문제를 논의하지 말고 의사를 진행하기를 바란다.
3. 1959년 11월 24일까지 정회하자는 것은 불법이 개입되었다. 우리 의견은 정회는 합법적이 아니었다.
4. 이 시점에 우리는 어떤 분파의 총회도 인정하지 않으나 옵서버를 보내는 것은 동의한다.
5. 분열의 결과는 회복 불가능하므로 분파하는 것을 거부하고 모든 가능한 화해를 계속 시도하겠다.
6. 7. 생략
8. 타 선교회와 보조를 맞추어 총회신학교를 계속 지원하며 임시로 아담스(Edward Adams) 박사를 이사장으로 하고 그가 임명한 계일승 박사를 학장 서리로 인

정한다.

9. 우리는 모든 교회가 이 반대 의견에 대해 그리스도의 사랑과 관용으로 대하며 모든 노회들이 총회에서 문제를 일으키지 않도록 약한 교회들에 대해 보복적인 징계를 자제하기를 권한다.

10. 각 교회에서 W.C.C. 와 N.A.E.에 대한 오해가 일고 있으므로 총회는 9월 28일 아침 다 힘께 W.C.C.와 N.A.E.에서 평화와 교회의 통합을 위해 탈퇴하면 좋겠다고 기도하고 헤어졌는데 이를 표현한 총회의 성명서를 지지한다.

이런 일들을 위해 병약한 몸으로 모임에 참석하고 성명서를 만들어 발표하기란 참으로 힘든 일이었다. 그러나 한국을 사랑하는 인돈은 자기들이 뿌린 복음이 바르게 열매 맺기를 간절히 소원하고 있었다.

이 일들을 겪는 가운데 인사례 부인은 1959년 11월 30일, 성탄 장식에 쓰는 양호랑가시나무(English Holly)에 촛불을 킨 그림을 편지지 위에 그려 넣으며 인돈이 다음 주에 한국 교회의 분열을 막기 위해 도착할 브레들리 박사(Dr. Hugh Bradley)와 벨 박사(Dr. Nelson Bell)를 고대하고 있다고 덧붙였다.

한국 선교부가 만일 해외 선교본부의 도움이 필요하다면 이

133 O Jung-ni
Taejon, Korea
November 30, 1959

Dear Friends:

I believe the last letter of this kind
from us was the one William wrote from
had returned unexpectedly in March to
college problems. Some of you may not
came back to the States the end of Jun
for us to have a wonderful reunion of
Montreat - all twenty-six being togeth

인사례 부인이 11월 30일에 보낸 마지막 크리스마스 편지

때가 아니겠느냐고 간절한 기대를 표현하였다. 그해는 참으로 우울한 크리스마스였다. 그러나 그들은 사실 이것이 그들이 한국에서 미국의 친구들에게 보내는 마지막 성탄 메시지이며 그들이 한국에서 보낼 마지막 성탄절인 것을 알지 못했다.

인돈에게는 이 교회 분열을 바로잡는 일도 중요했지만 자기가 수고해서 세워놓은 대학 일은 자기가 직접 해야 할 더 중요한 일이었다. 그는 그 때 자신이 몸담고 있는 대학의 시설 확충을 위해 동분서주하였다. 1960년 1월 18일 전주에서 모인 임시위원회에서 대학 행정관 완공, 도서관 및 행성관 시설, 도서관의 도서 확보, 식당 및 학생회관, 과학 기자재와 대학 매점, 교수 사택, 기숙사, 체육관, 일반 대학 기자재 등 다양한 것들을 선교부에 요구하였다.

그뿐 아니라 그는 1960년 2월 2일에 순천의 모임에서 소소한 기증 물품들의 세목(small gift items)을 만들어 미국의 기증자들에게 도움을 구하기로 하였다. 그 때의 품목들은 다음과 같았다

(괄호 안은 예정 금액: 단위는 미화 불). 도서관 장비(250), 한글 타자기(200), 마이크로필름 리더(300), 운동기구(275), 영사기(600), 스크린(50) 등이다.

당시 기독학관 1기생이며 1959년부터 대학 교무처 직원으로 있었던 최영철(오정교회 장로)씨에 의하면 인돈은 시계처럼 출근이 정확했던 분이라 했다.

학교 뒷산에 리기다소나무를 심고 학생에게 관리하도록 근로장학금을 주고 있었는데 인돈은 집에서 나오면 반드시 이 소나무 밭을 돌든지 농장을 한 바퀴 돌고 학교에 출근했고, 그 시간이 하루도 안 틀리고 아침 8시였다고 말했다. 재임 기간 중 강의실을 다 짓고 도서관과 행정관을 짓고 있었는데 작업복에 지팡이를 짚고 공사장을 올라 다니며 공대 졸업생답게 여기저기를 지팡이로 찔러보며 골재를 제대로 써서 건축하고 있는지 검사했다고 했다. 지금도 칠판에 분필로 쓴 인돈 자필의 사진이 남아 있는데 그곳에는 다음과 같은 글이 씌어 있다.

대전대학의 강조점

1. 수업은 정시에 시작할 것
2. 수업은 정시에 끝낼 것
3. 모든 학생에게 매일 숙제를 내줄 것

4. 교수와 학생은 결강하지 말 것

5. 기독교 분위기를 유지할 것

반정부 데모가 자주 일어나고 실제 1960년에는 3 · 15 부정선거, 대통령 하야 등의 사건이 이어지던 당시에 이 규정은 혁명적인 것이었다.

인돈의 대학에 대한 열정과 의욕을 그의 건강은 뒷받침 해주지 않았다. 새 학기부터 다시 건강이 좋지 않은 징조를 깨달았으나 그는 이를 내색하지 않고 건축 중인 건물 완성에 진력하고 있었다. 그러나 한국 장로교 분열의 조정위원, 도서관과 행정관 건축의 고된 감독, 모금활동, 또 한국 정치현황의 소용돌이 등이 여러 차례 수술을 한 그에게 많은 정신적 압박을 주고 있었다.

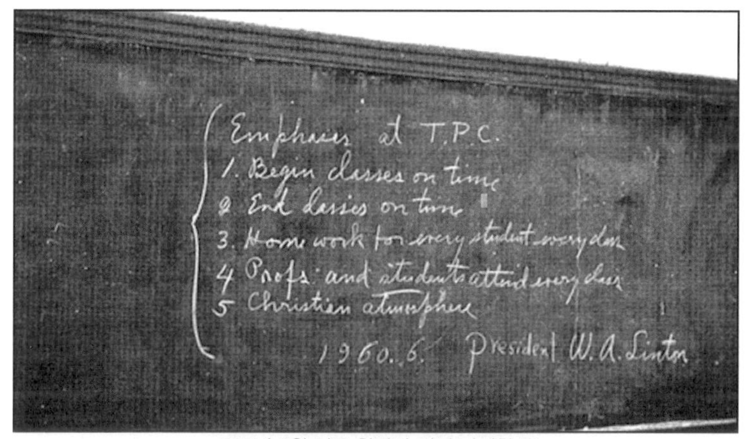

1960년 6월 인돈 학장이 직접 판서한 글

그는 자기의 건강이 나빠지고 있다는 것을 인정하려 하지 않았다. 그러나 주변의 많은 동료들과 한국 선교 본부가 그를 아끼는 마음으로 그의 대전대학 학장직 사퇴를 정중히 권고했다. 어쩔 수 없이 그는 1960년 6월 9일 전주에서 열린 선교회 연차 대회에서 대전대학 학장직을 사직하기에 이르렀다. 따라서 6월 15일(수요일) 저녁 모임(오후 8:30)에서 대전대학교 이사회는 타요한을 3년 만기의 학장으로 임명하여 재단 법인으로 하여금 문교부에 학장의 명의변경을 청원하게 하고 인돈학장을 명예 학장으로 추대하기로 결의하기에 이르렀다.

그의 명예학장 추대 증서는 다음과 같았다.

건강이 나쁘며, 너무 힘들어 절망적인 때가 많았음에도 불구하고 린턴 박사는 대전대학을 설립하여 현재의 성공적인 열매를 가져오기까지 지대한 공헌을 하였습니다. 이에 이사회는 이를 인정하고 감사하며 윌리암 올더만 린턴이 학장직을 사임함에 있어 그를 이 대학의 명예학장으로 추대하기를 추천합니다.

한국을 떠났던 마지막 초췌한 모습, 뒷줄은 기독학관 학생, 오른 쪽부터 최기만
(현 한국외항선교회 상임회장, 목사), 김상태(현 한국장로신문 칼럼니스트, 장로)

chapter 16

지지 않은 태양 인돈 선교사

1960년 6월 말, 인돈은 의사들의 권고로 미국에서 치료를 받기 위해 한국을 떠났다. 그러나 그는 선뜻 발을 떼어 놓지 못했다. 제2의 조국인 한국의 백성들을 뒤로 하고 떠날 수가 없었다. 21살의 총각으로 와서 48년을 생사고락하며 지냈던 나라였고 사람들이었다. 비록 학장직은 계속하지 못하더라도 다시 돌아와서 한국에서 지낼 생각으로 비행기에 올랐다. 하지만 그토록 자신이 사랑했던 한국 땅으로 영영 다시는 돌아오지 못했다. 인사례 부인은 당시 상황을 다음과 같이 전했다.

> 우리가 다시 미국으로 돌아와서 놀라셨지요? 4월부터 인돈의 건강은 좋지 않았습니다. 6월에 전주에서 있었던 선교회 연차대회에서 의사들은 미국으로 돌아가기를 강권했습니다. 우리는 비행기로 떠나 6월 30일에 미국의 둘째 아들

유진의 집에 도착했습니다. 그는 의사입니다. 인돈은 얼마 동안 검사를 받기 위해 병원에 있었으나 지금은 유진의 안락한 집으로 와 있습니다. 그는 아직도 매우 허약한 상태지만 아주 느리게 조금씩 회복되고 있는 것으로 보입니다.

우리의 사명을 포기하고 많은 한국 사람들을 떠나 이곳에 와 있는 것은 가슴이 쓰린 일입니다. 그러나 하나님께서는 매일 놀라운 방법으로 우리에게 은혜와 힘을 더해 주십니다. 여러분들이 우리를 위해 그렇게 많이 기도해 주고 있다는 생각이 힘과 위로의 원천인 것 같습니다.

인돈은 그를 사랑하는 많은 사람들의 기도에도 불구하고 이 땅에서는 69세를 기해 불귀의 객이 되었고, 천국에서 하나님의 부르심을 받아 영원한 안식에 들어갔다. 1960년 8월 13일 테네시 주 녹스빌에서였다. 아프면 수술하고 다시 뛰어들고, 또 아프면 수술하고 다시 현장으로 뛰어들어 불사조처럼 일했는데, 이번엔 그가 그토록 떠나기를 주저하던 한국에 다시는 뛰어들지 못하고 하나님께서 허락하신 영원한 안식에 들어간 것이다.

인돈의 셋째 며느리 인애자는 인돈을 다음과 같이 묘사했다.

'어떤 사람의 삶은 태양에 비유할 수 있다. 그들은 우아하고 찬란하게 떠올라서 한낮을 향해 작렬히 빛을 내다가 선명한 영광 가운데 서서히 가라앉는다. 그들이 여기, 이 땅 위에 있는 동안 뿌린 빛과 따스함은 사라진 뒤에도 볼 수 있으며 느낄 수 있다. 윌리암 올더만 린턴(인돈)의 삶이 이와 같다.'

인돈은 한국 땅에 따스함을 남기고 간 사람이 아니고 서산에서 한국 사람들을 남기고 넘어가지 못하고 지지 않은 태양이 된 것이다.

여수 애양원 나환자 병원에서 나환자 선교사업에 전념했던 보이열 목사는 인돈의 업적을 다음과 같이 정리했다.

인돈은 한국의 수천 명의 젊은 학생들이 한국의 새로운 미래를 예비하는 데 큰 영향을 준 교육자일 뿐 아니라, 충성스러운 장로교인으로 예수교장로회 총회와 노회의 모임에 참석하여 유용한 충고와 상담을 한 분입니다. 한국 사람들은 그의 판단을 믿고 그를 크게 신뢰했습니다.

그는 이런 신뢰를 배신하지 않기 위해 매우 세심하게 배려했던 사람입니다. 가치 있고 도울만한 일이 아니면 많은 이야기도 하지 않은 사람입니다. 선교회에서나 노회 그리고

노스캐롤라이나 주 블랙마운틴 공원묘지에 안장된 인돈 부부 묘

총회에서 중요한 직책을 맡기도 했습니다.

인돈 박사는 현명한 외교관이었습니다. 해방 이후 일본 관원 및 한국 관리들과 여러 해 동안 외교를 하며 지냈습니다. 이들은 그의 교육적 재능과 사랑하는 한국 사람들을 위해 여러 해 동안을 노심초사한 것을 감사하고 있었습니다.

인돈 박사는 복음 사역자였습니다. 그는 약한 많은 교회를 주말에 방문하여 설교자로 교사로 친구로 환영을 받았습니다.

인돈 박사는 언어학자였습니다. 한국 사람들은 그의 말을 잘 알아들었으며 새로 온 선교사들은 그에게서 한국어를 배우는 방법을 교습 받고 충고를 받기도 했습니다. 그는 사냥과 등산과 캠핑을 좋아했으며 그의 유머는 사람을 끄는 예리한 섯이 있었습니다. 어린애나 어른이 다 그를 좋아했으며 옳고 그른 것에 대한 매우 높은 기독교 윤리관을 가지고 있었습니다. 또한 그는 현명한 아버지였으며, 헌신적인 남편이었으며, 진정한 친구였으며 능력있는 선교사였습니다.

인돈은 그의 사랑하는 아내와 네 아들, 그리고 손자와 손녀 18명을 뒤에 남기고 세상을 떠났다. 그의 삶, 그의 헌신, 종말을 향한 그의 소망은 성경 말씀 그대로였다.

나는 선한 싸움을 싸우고 나의 달려갈 길을 마치고 믿음을 지켰으니 이제 후로는 나를 위하여 의의 면류관이 예비되었으므로 주 곧 의로우신 재판장이 그날에 내게 주실 것이니라…(딤후 4:7-8).

현 한남대학교 내에 있는 '인돈학술원', 인돈이 살던 집을 그대로 쓰고 있다.

내한선교사 영문명 색인

자료총서 제18집 내한 선교사 총람(1884-1984), 한국기독교역사연구소, 김승태, 박혜진, 1994 참고(괄호 안 연도는 내한 – 이한 연도)

공정순(Colton, Susanne Avery: 1911-1943)
구레인(Crane, John Curtis: 1913-1957)
구리인(Greene, Willie Berince: 1919-1961)
구바울(Crane, Paul Shields: 1947-1970)
권세열(Kinsler, Francis: 1928-1970)
김기수(Crim, Keith Renn: 1951-1967)
김아각(Cumming, Daniel James: 1918-1966)
다이사트(Bell, Dysart Julia: 1907-1941)
데이비스(Harrison, Linnie F. Davis:1892-1928)
도대선(Dodson, Samuel Kendrick: 1911-1928)
도마리아(Dodson, Mary Lucy: 1911-1951)
라빈선(Robinson, Robert K. 1949-1981)
로라복(Knox Robert: 1907-1952)
마포삼열(Moffett, Samuel Austin: 1890-1934)
매약한(McEachern, John: 1912-1929)
명애다(McMurphy, Ada Marietta: 1912-1958)
박세리(Buckland, Sadie Mephm: 1908-1936)
배미철(Mitchell, Herbert Petrie:1949-1985)
배유지(Bell, Eugene: 1895-1925)
배주량(Bell, Lottie Witherspoon: 1894-1901)
변요한(Preston, John Fairman: 1903-1946)
보이열(Boyer, Elmer Timothy: 1921-1965)
부위렴(Bull, William Ford: 1899-1941)
서의필(Somerville, John Nottingham: 1954-1994)
손배돈(Patterson, Jacob Bruce: 1910-1926)
여부솔(Eversole, Finley Monwell: 1912-1930)
오부인(Owen, Georgiana Whiting: 1900-1923)
우일선(Wilson, Robert Manton: 1908-1948)
위엄일(Winn, Emily Anderson: 1911-1954)
위의사(Venerble, William Anderson: 1908-1917)
위인사(Winn, Samuel Dwight: 1911-1951)
윈(Winn, Samuel Divight: 1912-1942)
유대모(Drew, A. Damer: 1894-1904)
유서백(Nisbet, John Samuel: 1907-1939)
유화례(Root, Florence Elizabeth: 1926-1963)
이눌서(Rayolds, William Davis: 1892-1937)
이보린(Reynolds, John Bolling: 1918-1930)
인도아(Linton, Thoma Dwight: 1953-1978)
인돈(Linton, William Alderman: 1912-1960)
인사례(Linton, Charlotte Witherspoon Bell: 1922 -1964)
인애자(Linton, Lois Elizabeth Flower: 1953 -1992)
전위렴(Junkin, William McCleary: 1892-1908)
조마구례(Hopper, Margaret Higgins: 1923-1958)
조요섭(Hopper, Joseph Barron: 1948-1980)
조하파(Hopper, Joseph: 1920-1957)
최의덕(Tate, Lewis Boyd: 1892-1925)
최의손(Chishom, William H: 1923-1940)
타마자(Talmage, J. Neste: 1910-1957)
타요한(Talmage John Edward: 1937-1977)
하딩(Harding, Maynard C.:1911-1913)
하위렴(Harrison, William Butler: 1896-1928)

인돈 연표

1891년

2월 8일 조지아 주 토머스빌 근교에서 아버지 와이츠 와델 린턴(Wyche Waddell Linton)과 어머니 아만다 폰더 올더만(Amanda Ponder Alderman) 사이의 세 번째 자녀로 태어남. 증조부는 모세 와델 린턴(Moses Waddell Linton), 증조모는 존 라니어 린턴(John Lanier Linton)임.

1892년(1세)

7월 1일 큰 누나 모드(Maude Ella Linton)가 소천

10월 여동생 칼리(Callie Annie Linton)탄생

1894년(3세)

형 와이츠 II 세(Wyche Jr. Linton)가 죽음

1899년(8세)

두 남매를 잃고 타운인 토마스빌(Thomasville)로 옮겼지만 여동생 칼리(Callie)가 장티프스로 죽음

1901년(10세)

농사보다는 선생이 되고 싶어 하던 아버지는 시골에서 부동산 관리를 원하던 어머니와 성격차로 별거를 시작함.

1901-1906년(10-15세)

어머니가 감리교인이었기 때문에 감리교회에서 세례를 받음. 나중에 장로교회로 옮겨 평생의 꿈을 심어 주고 영적 성장에 큰 도움을 준 교회학교 교사 신시아(Synthia McLean)를 만남. 고등학교 때까지 늘 공부하고 사색하는 우등생이었음.

1907년(16세)

조지아공대에 들어가기 위해 애틀랜타로 옮겨 예비학급(Preparatory class)에 들어감.

1908년(17세)

5월 19일 어머니 아만다가 오랜 병고로 돌아가심. 그는 기숙사 생활을 하고 있었으며 그때까지 홀로된 고모 칼(Mrs. Callie McIntyre)이 어머니와 함께 살고 있었음.

1910년(19세)

대학 기숙사에서 헐 박사(Dr. M. M. Hull) 집으로 옮겼음. 헐 박사는 그가 출석하던 노스애버뉴장로교회(North Avenue Presbyterian Church)에 출석하던 의사였음. 그의 영적 성장과 헌신은 헐 박사의 영향이 컸음.

1912년(21세)

4월 9일 해외 선교부 실행위원회가 교부한 선교사 임명장을 받음.

6월 조지아공대 전기공학과 수석 졸업. 졸업 후 GM사에 입사가 보장되었음.

8월 23일 어린애까지 일행 18명은 만추리아 증기선으로 샌프란시스코를 떠남.

9월 20일 목포항에 도착. 선교사 중 최연소자로 선교사역의 첫 발을 내디딤.

1913년(22세)

6월 평생의 친구가 된 한국어 선생 고성모(후 전주 서문교회 목사)를 만남.

1914년(23세)

군산에 있는 영명학교에서 그가 기대했던 전자공학에 관련된 학문은 못 가르치고 한국말로 성경을 가르치기 시작. 또 후에 매약한과 함께 살며 차츰 영어도 가르치게 됨.

1915년(24세)

장티푸스에 걸림.

1916년(25세)

8월 말 이리 역에서 샬롯(후 그의 부인) 양을 처음 만나게 됨. 샬롯은 미국에서 대학으로 진학 전, 일 년을 부모와 함께 지내려고 이리(익산)를 지나던 길이었고 인돈은 버클랜드 양을 만나기 위해 이리(익산)로 오게 되었음.

1917년(26세)

영명학교의 교장이었던 선교사 위의사가 부인의 병으로 귀국하게 되자 교장 직임을 맡게 됨.

이른 여름에 광주에서 열린 선교집회 때 의료 선교사 오기원의 집에 머무르며 배유지 목사(샬롯의 아버지)에게 수레를 빌려 샬롯과 레이놀즈(Carey Reynolds)를 데리고 소풍을 나감(샬롯 18세).

여름휴가 때 일본의 가루이자와(輕井澤, 나가노현)에서 어학 전문 교사 커밍스(Thomas F. Cumings) 박사를 만나 가장 어려웠던 한국말의 발음을 교정 받음.

1919년(28세)

5월 4일	제1차 안식년으로 미국으로 떠남.
8월	노스캐롤라이나 주 몬트리트에서 열린 해외선교사대회에 참석. 애틀랜타의 격년제 미국 남부지역 평신도대회에서 3.1독립운동의 비폭력 저항 정신을 바탕으로 한국의 어려운 실정을 세계에 알림.
	가을에 뉴욕에 있는 화이트 성경학교(White Bible School)에서 공부 시작. 동시에 컬럼비아 사범대학의 교육학석사과정에 등록함.

1920년(29세)

여름방학의 반은 고모 칼과 함께 보내고 나머지 반은 남장로교 회합을 여는 몬트리트에서 보냄. 크리스마스 휴가 때는 토머스빌에 있는 고모 집에서 보냄.

1921년(30세)

6월	컬럼비아 사범대학에서 교육학 석사를 받음.
	여름, 몬트리트에서 샬롯을 만났을 때 그녀에게 사랑을 고백. 샬롯은 한국선교사 배유지 목사의 3남1녀 중 막내딸.
10월	교육 때문에 1년을 더 연장해 받은 안식년을 마치고 한국으로 돌아와서 곧바로 영명학교 교장으로 취임.

1922년(31세), 샬롯 23세

6월 10일	일본 고베에서 샬롯과 결혼. 그녀의 친척되는 로간 목사(Chas A. Logan) 주례. 장인 배유지 목사와 큰처남(Henry Bell)이 참석. 신혼여행을 1 주일간 일본의 나라(奈良)로 간 뒤 로간 목사가 사는

도꾸시마(德島) 방문. 군산 하위렴의 집에서 신혼살림 차림. 여름에 지리산에서 휴양

1923년(32세)

4월 1일 허니문 베이비로 장남 윌리엄 II세(William Linton, Jr) 탄생

1924년(33세)

4월 21일 차남 유진(Eugene Linton) 탄생

8월 아직 어린 두 아들을 데리고 지리산으로 휴양을 떠남. 순천에서 온 고라복 선교사와 변요한 선교사네 가족들과 함께 지냄.

1925년(34세)

6월 '장로교회월보'에 〈한국에서의 교육사역〉을 발표

1926년(35세)

2월 22일 삼남 인휴 탄생

초가을, 선교부의 명을 받고 전주로 옮김. 당시 신흥학교에 동사교장으로 있던 여부솔이 귀국하자 교장으로 임명됨.

일제 교육 당국의 요구로 외국인 교육 종사자들을 인솔하고 일본 본토의 교육현장을 견학함.

1927년(36세)

3월 8일 신흥학교를 '지정학교'로 인가를 받기 위해 $70,000 모금 서한 발송

12월 4일 4째 아들 인도아 탄생

크리스마스 휴가 때는 500명이 넘는 성도들의 사경회를 인도하여 마가복음으로 가르침.

1928년(37세)

6월 29일 2번째 안식년으로 전주를 떠남. 네 아들들과 막내처남 윌리엄(William Bell)이 함께 떠남.

11월 '장로교회월보'에 〈우리 한국의 교육현황〉을 발표

1929년(38세)

6월 미국 '장로교회월보'에 〈한국 남자학교: 실업교육의 현장〉을 발표

1930년(39세)

컬럼비아 신학교에서 신학석사 학위를 받음.

토머스빌 교회에서 특수목회를 위한 목사 안수를 받음.

6월 29일 전주에 도착 그동안 교장으로 있던 여부솔이 귀국하자 신흥학교 교장직을 계승함(9월 19일).

7월 4일 지리산에서 연차대회. 7개의 시골교회 순회예배.

10월 20일 전주에서 내슈빌에 보낸 인돈의 편지

1931년(40세)

4월 지정학교 인가를 받기 위한 청원서를 학무국에 제출했으나 허가를 받지 못함.

10월 '장로교 회보'에 〈신흥학교의 간단한 역사〉 발표

1935년(44세)

4월 전주신흥학교 총독부 지정학교 인가 받음.

그린스보로에 사는 리처드슨 여사의 헌금으로 신흥학교에 대강당을 신축하는 공사 시작

8월 첫째 둘째 아들 윌리엄과 유진을 순천에 있는 엘리자베스 윌슨 학교에 입학시키기 위해 윌슨 박사 집으로 보냄.

1936년(45세)

연초 3,400명이 모여 일일 사경회를 개최

2월 각 교회 남자 집사 및 장로들 180여 명이 성경학교를 열어 한 달 동안 공부

3월 5일 신흥학교 대강당 공사가 완공되어 졸업식과 함께 헌당식

일제의 신사참배 강요 본격화

9월 큰아들과 차남이 평양신학교에 입학

1937년(46세)

6월 21일 기전학교 교장 겸임

9월 8일 신사참배 문제로 신흥학교와 기전학교 폐교

1938년(47세)

1월 선교부 산하 학교 폐쇄

1월 22일 미 선교부에 폐교 보고
6월 1일 인돈 3차 안식년: 부산 – 고베 – 팔레스타인 – 유럽에서 3개월 구약의 역사적 현장을 돌아봄.

1939년(48세)
캐나다 여객선으로 한국에 돌아옴.

1940년(49세)
1월 26일 인돈 일본의 학정을 선교부에 보고
8월 큰아들 빌리를 데이빗슨 대학에 보내기 위해 미국으로 보냄.
11월 14일 한국 철수

1941년(50세)
9월말 미국 선교부 부총무로 일하기 시작함.
12월 7일 (미국시간) 제2차 세계대전 발발

1945년(54세)
1월 1일 미국 선교부 총무로 질레스피(Gillespie, Richard T.) 임명됨, 사무 인계 등 오리엔테이션

1946년(55세)
6월 1일 한국 사정을 살피기 위한 선발대로 6명의 선교사들과 함께 샌프란시스코를 떠남.
11월 〈장로교 회보〉에 '한국의 실정'을 발표
11월 6일 신흥학교 교장으로 학교정상화에 노력
11월 26일 신흥학교 복교
11월 27일 전주신흥초급학교 전수과 설치 허가 받음.
12월 17일 인사례 미국을 떠나 한국으로 돌아옴.

1947년(56세)
4월 24일 전후 1차 연차대회
10월 4일 인돈의 편지 〈분단된 한국의 형편〉을 친구들에게 보냄.

1948년(57세)
2월 〈장로교 회보〉에 '한국의 국제정세' 발표

2월 24–25일 선교회 임시 총회(순천) 대학교 설립 추진
5월 27일 전후 제 2차 연차대회에 참석(전주) 대학 장소를 선정함. 대학 설립위원으로 선정됨.
7월 인돈 첫 번째 수술받기 위해 도미, 버지니아 주 리치먼드에서 수술
10월 26일 인돈 부부 수술을 마치고 샌프란시스코에서 군용기를 통해 한국으로 돌아옴.

1949년(58세)

2월14–15일 임시 위원회에서 광주의 선교사 타마자와 함께 대전 선교부지 매입 교섭위원이 됨.
3월 1일 인사례 기전학교 교장 취임(–56년 3월 31일)

1950년(59세)

2월 1–3일 목포에서 임시 미션회의
5월 10일 목포에서 한국 선교위원회 임시회의
6월 22일 전후 4차 연차대회 전주에서 개최, 교육위원회의 교육정책 보고 4개 항목 채택
8월 피난 후 남아 있었던 자 : 인돈 부부, 타마자, 유화례, 배미철 부부, 구바울

1951년(60세)

1월 4일 인사례 자녀들에게 1.4 후퇴 소식 전함.
2월 28일 인돈 회갑연
6월 15일 전후 5차 연차대회 전주에서 개최
8월 21일 미션회의 전주에서 개최
12월 3일 인돈 가족 한국에서 4차 안식년으로 귀국

1952년(61세)

8월 인돈 한국으로 돌아옴. 인돈의 안식년은 12월까지였는데 자원해서 먼저 귀국

1953년(62세)

선교부 대전지회 설립

1954년(63세)

5월 10–11일	대전대학 위치 선정(선교회 연차 대회)

1955년(64세)

6월 6일	인사례의 편지, 인돈 두 번째 수술 받기 위해 도일(동경)
11월 27일	대전으로 돌아옴.

1956년(65세)

2월 5일	대학 설립인가 신청 문교부에 접수시킴.
3월 13일	문교부로부터 학관 설립인가 받음.
4월 10일	학관 입학식

1957년(66세)

본관 건축, 교육학 박사 받음.

1958년(67세)

4월	학장 취임 및 본관 헌당식
10월	안식년으로 Charlotte, N.C.로 떠남.

1959년(68세)

2월 20일	인돈의 편지, 대학 인가 소식
2월 26일	문교부 대전대학 인가
3월 18일	Knoxville에서 San Francisco로
3월 21일	San Francisco에서 Seoul로
4월 15일	입학식
5월 18일	인돈의 편지 대학에 관한 소식
6월 말	나머지 안식년을 채우려 도미, 미국으로 수술차 떠남.
10월 16일	인돈 한국 귀환
11월 30일	인사례 크리스마스 인사편지 본국으로 발송.

1960년(69세)

6월 9일	대전대학 학장 사퇴
6월 15일	(수요일) 저녁 모임에서 타요한을 3년만기의 학장으로 결의, 인돈에게 공로표 전달
8월 13일	테네시 주 녹스빌에서 사망